AF415890

* 9 7 9 8 8 6 9 1 9 5 5 0 0 *

סֵפֶר
עֵץ חַיִּים
לרבינו
חַיִּים וִיטַאל זַ"ל
שֶׁקִּיבֵּל ממרן הָאֲרִ"י זלה"ה
שַׁעַר הָעֲקוּדִים
שַׁעַר ו' פֶּרֶק גֹ'
דכ"ה ע"ג – דכ"ו ע"ג
תשׁ"פ
SimchatChaim.com
בְּהוֹצָאַת
שִׂמְחַת חַיִּים

בס"ד

<u>הקדמה</u>

ירפא **ה**מאציל **ו**יושיע **ה**בורא את כל חולי בני ישראל, וישלח להם רפואה שלימה, רפואת הנפש ורפואת הגוף, בכל אבריהם ובכל גידיהם לעבודתו יתברך.

בי"ב במנחם אב תשס"ה, הובהלתי לבית החולים, הרופאים לא נתנו לי סיכוי לחיות יותר מכמה שעות בגלל מספר תסבוכות. עם כל זאת בזכות התפילות של בני ישראל הקדושים, ברחמיו הרבים, ריחם עלי הקדוש ברוך הוא, ונשארתי בחיים.

עם כל זאת, הובחנה אצלי מחלה קשה בכליות, ונאמר לי שהוצטרך למכונת דיאליזה. בשבילי זה היה שוק!!! אף פעם לא הייתי אצל רופא, או בבית חולים. כך בעל כרחי התחברתי למכונת דיאליזה, ומכונה זאת הייתי[1] קשורה בי ככלב במשך שמונים חודשים בדיוק, כמניין **יסוד**, במשך 12-10 שעות ביום.

בשבת פרשת **ויחי יעקב** י"ב טבת תשע"ב, בזכות בני ישראל, שכולם אהובים כולם ברורים כולם גיבורים כולם קדושים... וכולם פותחים את פיהם באהבה שלוש פעמים ביום, ואומרים - **ברוך אתה... רופא חולי עמו ישראל**, וכללותם כל האברכים, תלמידי הישיבות, רבנים וחכמים, חסידים, מקובלים עם תינוקות של בית רבן, זקנים עם נערים, בחורים וגם בתולות, בארץ הקודש ובעולם. ומצד שני בנות ישראל היקרות מפז, שהתפללו וקבלו עליהם כל מיני קבלות. מהפרשת חלה עד צניעות וכיסוי הראש, עם הרבנים, המנהלים, המורים, המורות **והתלמידות של בית יעקב דטורונטו** שכל יום התפללו, וכללו בתפילתם שבקעה את כל הרקיעים אותי, ונושעתי אני הקטן. הושתלה בי כליה. והתנתקתי ממכונת הדיאליזה.

אמר המלך דוד - לולי[2] תורתך שעשעי אז אבדתי בעניי. מה שנתן לי חיות היא התורה הקדושה, בשעות הרבות שהייתי מחובר למכונת הדיאליזה)כ12 שעות ביום(, ערכתי סדרתי וכתבתי במחשב את הקונטרסים שלמדתי במשך שנים. וקונטרסים אלו הפכו לחיבור, ואחרי התלבטויות ובקשות מבני גילי, החלטתי בעזרתו יתררך להדפיס קונטרסים אלו.

ידוע הוא כי כל דברי האר"י זלל"ה ותלמידו נאמן ביתו, רבינו חיים ויטאל הם סתומים וחתומים באלפי שרשראות ומנעולים, והרב ז"ל גלה טפח וכיסה אלפים אמה, עם כל זאת העוסק במשל פועל בעלמות העליונים בנמשל. לכן צריך זהירות גדולה לא להגשים את המשלים, בסוד המבואר בספר הזוהר הקדוש - **ועלייהו אתמר** ועליהם נאמר - **ארור האיש אשר יעשה פסל ומסכה וגומר, ושם בסתר, מאי בסתר** מהו בסתר - **בסתרו דעלמא** בסתר העולם. ובגין דא אמר קודשא בריך הוא לא תעשון אתי ומפני זה אמר הקדוש ברוך הוא לא תעשון אתי אלה"י כסף ואלה"י זהב, והכי אוקמוה חבריא לא תעשון אתי כדמות שמשי שמשמשין אותי וכך העמידוהו החברים לא תעשון אתי כדמות שמשי שמשמשים אותי במרום, לציירא בסתר דילי שום ציור או דמיון לציַיר בסתר שלי שום ציור או דמיון, דכל מאן דצייר לעיל לקודשא בריך הוא שכל מי שמצייר למעלה לקדוש ברוך הוא, בסתר)דאיהי שכינתיה, כלילא מעשר

---

[1]

גמרא סוטה ד"ג ע"ב - גמרא סוטה ד"ג ע"ב – רבי אלעזר אומר, **קשורה בו ככלב**, שנאמר - ולא שמע אליה לשכב אצלה להיות. עמה לשכב אצלה בעולם הזה. להיות עמה לעולם הבא.

[2]

תהלים קי"ט צ"ב

ספיראן שהיא שכינתו, כלולה מעשר ספירות(, **שום ציור, וצלם, ודמות, כגוונא דמצייירין בשמשין דיליה** שמצייירים בשמשים שלו, **בנשמתיה אתלבשא בההוא צלמא** נשמתו מתלבשת באותו צלם....

וכן הוא בסוף ענף ד' דשער ד' בספר עץ חיים שער ההקדמות, וז"ל הטהור - ואמנם דבר גלוי הוא כי אין למעלה גוף ולא כח חלילה. וכל הדמיונות והציורים אלו לא מפני שהם כך חס ושלום. אמנם **לשכך את האוזן** לכשיוכל האדם להבין הדברים העליונים, הרוחניים, בלתי נתפסים, ונרשמים בשכל האנושי. לכן ניתן רשות לדבר בבחינת ציורים ודמיונים. כאשר הוא פשוט בכל ספרי הזוהר. וגם בפסוקי התורה עצמה כולם כאחד עונים ואומרים בדבר הזה, כמו שאמר הכתוב עיני הוי"ה המה משוטטים בכל הארץ. עיני הוי"ה אל צדיקים. וישמע הוי"ה. וירח הוי"ה. וידבר הוי"ה. וכאלה רבות. וגדולה מכולם מה שאמר הכתוב - ויברא אלהי"ם את האדם בצלמו בצלם אלהי"ם ברא אותו זכר ונקבה וגו'. **ואם התורה עצמה דברה כך** גם אנחנו נוכל לדבר כלשון הזה, עם היות שפשוטו הוא למעלה שאין שם אלא אורות דקים בתכלית הרוחניות, בלתי נתפשים שם כלל, וכמו שאמר הכתוב - כי לא ראיתם כל תמונה, וכאלה רבות. ואמנם יש עוד דרך אחרת כדי להמשיך ולצייר בה הדברים העליונים, והם בחינת כתיבת צורת אותיות, כי כל אות ואות מורה על אור פרטי עליון, וגם תמונת זו דבר פשוט הוא כי אין למעלה לא אות ולא נקודה, **וגם זה דרך משל וציור לשכך את האוזן** כנזכר.....

ולכן כל המבואר כאן בחיבור זה הוא כדי **לשכך את האוזן**. והתרשימים שבסוף החיבור הם כדי **לשבר את העין**, לכן אין שום ביאור והסבר שלם, ואין שום תרשים שלם בתכלית השלמות.

ידוע כי[3] דברי תורה עניים במקומן ועשירים במקום אחר, **ועל אחת כמה וכמה** בדברי הרב ז"ל, שכל סוגיה חסרה[4] במקומה, וחלקיה מפוזרים במקומות אחרים. **זאת ועוד** הרב ז"ל מערבב בדרוש אחד כמה וכמה סוגיות, כאשר בפשטות דבריו נראה שכל הדרוש הוא דרוש אחד, ולא מחולק לסוגיות שונות, ושמועות שונות. **ביאור** דברי הרב ז"ל כאן הם **בעומק, והוא בעצם ליקוט** עד איפה שידי הקצרה הגיעה, מכל חלקי ספר עץ חיים, ושמונה השערים המצוינים לרב ז"ל, מבוא שערים ושאר ספרי הרב ז"ל, והוא גם על פי הקדמת רחובות הנהר למרן הרש"ש, דרושי פנימיות וחיצוניות, דרוש הדעת, סוגיות ערכין, סוגיות דכללות והתכללות, פרטות וכללות, וסוגיות עובי ואורך, ועל פי ביאור גדולי רבותינו חכמי המקובלים לדורותם זלה"ה זי"ע.

ידוע כי[5] אין בר בלי תבן, כך אין ספר בלי טעויות, ועוד יודע אני כי דל ועני אני, **ואין**[6] **עני אלא בדעה.** לכן מבקש אני בכל לשון של בקשה אם יש לכל אחד שאלות, הערות, הארות, תיקונים, נא לשלוח ל - book@simchatchaim.com והשתדל לענות, ולתקן את הצריך תיקון.

בברכה והצלחה בלימוד התורה הקדושה

ובעיקר בפנימיות התורה, תורת האר"י הח"י.

ורפואה שלימה לכל חולי ישראל.

אח"י

---

[3]

גמרא ירושלמי, ראש השנה פ"ג הלכה ה' די"ז ע"א – דברי תורה עניים במקומן, ועשירים במקום אחר.

[4]

תורת חכם דע"ב ע"ב – חסר לשון הוא, כמו שיראה המעיין.

[5]

גמרא ברכות נ"ה א' - מה לתבן את הבר נאם ה', וכי מה ענין בר ותבן אצל חלום, אלא אמר ר' יוחנן משום ר' שמעון בן יוחאי ,כשם שאי אפשר לבר בלא תבן, כך אי אפשר לחלום בלא דברים בטלים.

[6]

גמרא נדרים מ"א ע"א – אין עני אלא בדעה .

ב"ה

הקדמה קצרה לחיוב לימוד תורת הקבלה

ישמחו **ה**שמים **ו**תגל **ה**ארץ ירעם הים ומלאו. שזכינו בדור שלנו שפנימיות התורה, שהיא היא תורת הקבלה, מתפשטת לכל, וכל מקום בעולם היום לומדים בתורת הח"ן. הדור שלנו יש הרבה התעוררות ללמוד סתרי התורה הקדושה, הנקראת חכמת הקבלה. בירושלים של המאה ה 18 בישיבת **בית אל** היו בקושי מנין של מקובלים, והיום תורת הקבלה מופצת בכל מקום בארץ ובעולם. לעניות דעתי דעתי אחת הסיבות העיקריות לשינוי זה הוא רצונם של בני התורה, החוזרים בתשובה ועמך לדעת את סוד החיים, למה ברא הקדוש ברוך הוא את העולם, ואת טעמי המצות, ר"ל אי אפשר היום בדור שלנו, להסביר על פי הפשט את הסיבה מדוע אסור לאכול בשר וחלב, מדוע צריך להניח תפילין, למה לשמור דווקא שבת ולא יום שלישי, אי אפשר להגיד כל הזמן **זאת גזרת הכתוב, כך רוצה הקדוש ברוך הוא,** האנשים מחפשים הסברים למצות, לסיפורי התנ"ך, לגלגולי נשמות, ועוד. ורק על ידי עסק בפנימיות התורה, אדם מסיג את ההסברים לקושיות שיש לו. **זאת ועוד** חיים אנחנו בדור של חומריות, והאנשים מחפשים את רוחניות שבחיים, אז מה עושים, נוסעים למזרח, להודו, סין, תאילנד למצוא רוחניות, ולא יודעים **ששורש כל הרוחניות בעולם נמצאת בתורה הקדושה,** עם כל זאת כאשר הלומד את פשט התורה, **הוא לא מכיר** את הקדוש ברוך הוא, והוא בלי יראת שמים ושמחה אמתית. כותב הרב המקובל האלוה"י רבינו יהודה פתייה בפרושו הנפלא על עץ חיים - כי לימוד עץ חיים הוא עמוק מאד מאד, כי הוא **מים שאין להם סוף,** והוא קשה מאד גם לחכמים ההוגים בו תמיד, וכל שכן למתחילים. כי הוא חזק מצור, וקשה מברזל, שאי אפשר לחצוב ממנו מאומה, אם לא על ידי כלי מחצב חזקים כציפורן שמיר. וכל המתחיל בלימוד עץ חיים, אם לא יהיה לו רב, או לפחות איזה מפרש המפרש לו כוונת הפרק ההוא לפי פשוטו, נבול יבול, ואינו יכול לעמוד על הפרק כי אם לאחר יגיעה רבה, ושקידה עצומה, וכולי האי ואולי. כי הרבה פעמים יסבור המעיין שהבין הענין ההוא כראוי, ואחר שילמוד עוד איזה פרקים אחרים, ירגיש כעצמו שלא הבין את פרקים הקודמים, והניסיון יעיד על זה, עד כאן דברי קודשו. עם כל זאת חייב כל אדם לעסוק בתורת ה**חיים.**

צדיק אתה הוי"ה וישר משפטיך. כתב הרב רבינו חיים ויטאל ז"ל בהקדמה לשער ההקדמות - והנה מה שכתב בתחילת דבריו, ואפילו כל אינון דמשתדלי באורייתא כל חסד דעבדי לגרמייהו וכו', עם היות שפשטו מבואר ובפרט בזמנינו זה, בעונותינו היום אשר התורה נעשית קרדום לחתוך בה אצל קצת בעלי תורה, אשר עסקם בתורה על מנת לקבל פרס, והספקות יתירות, וגם להיותם מכלל ראשי ישיבות, ודיני סנהדראות, להיות שמם וריחם נודף בכל הארץ, **ודומים במעשיהם לאנשי דור הפלגה הבונים מגדל וראשו בשמים,** ועיקר סיבת מעשיהם היא מה שאמר אחר כך הכתוב - **ונעשה לנו שם...** והנה על הכת הזאת אמרו בגמרא כל העוסק בתורה שלא לשמה, נוח לו שנהפכה שלייתו על פניו, ולא יצא לאויר העולם. ואמנם האנשים האלה מראים תימה ועונה באמרם כי כל עסקם בתורה הוא לשמה. והנה החכם הגדול התנא רבי מאיר ע"ה העיד עליהם שלא כך הוא, באומרו לשון כללות - כל העוסק בתורה לשמה זוכה לדברים הרבה וכו', **ומגלים לו רזי תורה, ונעשה כנהר שאינו פוסק,** והולך

וכמעיין המתגבר מאליו, בלתי הצטרכו לטרוח ולעיין בה, ולהוציא טיפין טיפין של מימי התורה מן הסלע, הנה זה יורה שאינו עוסק בתורה לשמה כהלכתה, ומי זה האיש אשר לא יזלו עיניו דמעות בראותו המשנה הזאת, **ורואה חסרונו ופחיתותו**, עד כאן לשונו. לכן כל אחד צריך לטעום מעץ החיים.

חצות לילה אקום להודות לך על משפטי צדקך. כתב רבינו אליהו מני זצ"ל רבו של הרי"ח הטוב, בספרו הקדוש כסא אליהו שער ד' וז"ל - ואם זיכך הוי"ה ללמוד בחכמת האמת, הנה עצה היעוצה היא שכל סדר הלימוד בנגלה תתנהג בו ביום דווקא. **אבל בלילה תלמוד בחכמת האמת, והעיקר הלימוד אחר חצות,** כי זה הלימוד צריך ישוב דעת הרבה, וכשיקוץ האדם אז דעתו מיושבת עליו יותר. גם גה הלימוד צריך הסתר והצנע, **וכל דבר שיהיה בלילה ובפרט אחר חצות יהיה נסתר יותר מן היום.** ותעשה ועד עם החברים בבית המדרש אם הוא צנוע, **או בביתך ותלמדו בכל לילה,** עד כאן לשונו. וישב ללמוד האדם בלילה תחת עץ החיים.

קראתי בכל לב ענני הוי"ה חקיך אצרה. בהקדמה[7] לשער ההקדמות מבאר הרב ז"ל - ואמנם אל יאמר אדם אלכה לי ואעסוק בחכמת הקבלה, מקודם שיעסוק בתורה במשנה ובתלמוד, כי כבר אמרו רבינו ז"ל - אל יכנס אדם לפרדס **אלא אם כן מלא כריסו בבשר ויין,** והרי זה דומה לנשמה בלתי גוף, שאין לה שכר ומעשה וחשבון, עד היותה מתקשרת בתוך הגוף, בהיותו שלם מתוקן במצוות התורה בתרי"ג מצות. **וכן בהפך** בהיותו עוסק בחכמת המשנה והתלמוד בבלי, ולא ייתן חלק גם אל סודות התורה וסתריה, כי **הרי זה דומה לגוף היושב בחושך,** בלתי נשמת אדם נר הוי"ה המאירה בתוכה, **באופן שהגוף יבש בלתי שואף ממקור חיים,** אשר זהו ענין אומרו במקום אחר ההוא הנזכר לעיל וז"ל - דאילין אינון דעבדי לאורייתא יבשה, ולא בעאן לאשתדלא בחכמת הקבלה וכו'. באופן כי התלמידי חכמים העוסקים בתורה לשמה, ולא לשמו, לעשות לו שם. צריך שיעסוק בתחילה בחכמת המקרא, והמשנה, והתלמוד, כפי מה שיוכל שכלו לסבול. ואחר כך יעסוק לדעת את קונו בחכמת האמת, וכמו שציוה דוד המלך ע"ה את שלמה בנו - דע את אלה"י אביך ועבדהו. ואם האיש הזה יהיה כבד וקשה בענין העיון בתלמוד, מוטב לו שיניח את ידו ממנו, אחר שבחן מזלו בחכמה זאת, ויעסוק בחכמת האמת. וזה שמבואר כל תלמיד חכם שאינו רואה סימן יפה בתלמוד בחמשה שנים, שוב אינו רואה, עד כאן דברי קודשו. ומזה כל אחד ואחד חייב להדבק במקור החיים.

חסדך הוי"ה מלאה הארץ חקיך למדני. בשער הגלגולים, בקדמה ט"ז כתב הרב ז"ל - עוד צריך שתדע, כי האדם צריך לקיים כל התרי"ג מצות, במעשה, ובדבור, ובמחשבה. וכמו שאמרו ז"ל על פסוק - זאת התורה לעולה ולמנחה וכו', כל העוסק בפרשת עולה, כאלו הקריב עולה וכו'. וכוונו בזה שהאדם מחוייב לקיים כל התרי"ג מצות בדבור, וכן על דרך זה במחשבה. ואם לא קיים כל התרי"ג בשלשה בחינות הנזכרות, מחוייב להתגלגל עד שישלים אותם. **עוד דע,** כי האדם מחויב לעסוק בתורה בארבעה מדרגות, **שסימנם פרד"ס,** והם, פשט, רמז, דרוש, סוד וצריך שיתגלגל עד שישלים אותם. ובהקדמה י"ז כותב הרב ז"ל - שהאדם **מחוייב לעסוק בתורה בארבעה מדרגות שבה,** והיא זאת, דע, כי כללות כל הנשמות

ע"ח ד"א ע"ד.

הם ששים רבוא ולא יותר. והנה התורה היא שרש נשמות ישראל, כי ממנה חוצבו, ובה נשרשו. ולכן יש בתורה ששים רבוא פירושים, וכלם כפי הפשט. וששים רבוא ברמז. וששים רבוא בדרש. **וששים רבוא בסוד.** ונמצא, כי מכל פירוש מן הששים רבוא פרושים, ממנו נתהווה נשמה אחת של ישראל, ולעתיד לבא כל אחד ואחד מישראל, ישיג לדעת כל התורה כפי אותו הפירוש המכוון עם שרש נשמתו, אשר על ידי הפרוש ההוא נברא ונתהווה כנזכר. וכן בגן עדן אחר פטירת האדם, ישיג כל זה. וכן בכל לילה כאשר האדם ישן, ומפקיד נשמתו ויוצאה ועולה למעלה, הנה מי שזוכה לעלות למעלה, מלמדים לו שם אותו הפירוש, שבו תלוי שרש נשמתו. ואמנם הכל כפי מעשיו ביום ההוא, כך באותה הלילה ילמדוהו, פסוק אחד, או פרשה פלונית, כי אז מאיר בו יותר פסוק ההוא משאר הימים. ובלילה האחרת יאיר בנשמתו פסוק אחר, כפי מעשיו של אותו היום, וכולם על דרך הפירוש ההוא אשר תלויה בו שרש נשמתו כנזכר, עד כאן דברי קודשו. ור"ל שכל יהודי ויהודי חייב להשיג את שורש נשמתו, וללמוד את סוד **החיים.**

יבאוני רחמיך ואחיה כי תורתך שעשעי. מבואר במדרש משלי - אמר רבי ישמעאל, בוא וראה כמה קשה יום הדין שעתיד הקדוש ברוך הוא לדון את כל העולם כולו בעמק יהושפט. בזמן שתלמידי חכמים באים לפניו, אומר לכל אחד מהם - כלום עסקת בתורה, אמר לו הן, אומר לו הקדוש ברוך הוא הואיל והודית, אמור לפני מה שקרית, ומה ששנית בישיבה, ומה ששמעת בישיבה. מכאן אמרו - כל מה שקרא אדם יהא תפוש בידו, ומה ששנה כמו כן, שלא תשיגהו בושה ליום הדין. מכאן היה רבי ישמעאל אומר - אוי הלה לאותה בושה, אוי לה לאותה כלימה, ועל זה ביקש דוד מלך ישראל בתפילה ובתחנונים לפני המקום ואמר - הוי"ה בוקר תשמע קולי בוקר אערך לך ואצפה. בא לפניו מי שיש בידו מקרא ואין בידו משנה, הקדוש ברוך הוא הופך את פניו ממנו, ושרי גיהנם מתגברים בו כזאבי ערב, ונוטלין אותו ומשליכין אותו לתוכה. בא לפניו מי שיש בידו שני סדרים או שלושה, אז הקדוש ברוך הוא אומר לו - בני, כל ההלכות למה לא שנית אותם, ואם אומר הקדוש ברוך הוא הניחוהו, מוטב, ואם לאו עושין לו כמידת הראשון. בא לפניו מי שיש בידו הלכות, הקדוש ברוך הוא אומר לו - בני, תורת כהנים למה לא שנית, שיש בה טומאה וטהרה, וטומאת שרצים וטהרת שרצים, טומאת נגעים וטהרת נגעים, טומאת נתקים ובתים וטהרת נתקים ובתים, טומאת זבים וילדה וטהרת זבים וילדה, טומאת מצורע וטהרתו, סדר וווידוי יום הכיפורים, וגזירות שוות, ודיני ערכים, וכל דין שדנו ישראל לא דנו אלא מתוכו. בא לפניו מי שיש בידו תורת כהנים, אומר לו הקדוש ברוך הוא - בני, חמישה חומשי תורה למה לא שנית, שיש בהם קריאת שמע, ותפילין, ומזוזה. בא לפניו מי שיש בידו חמישה חומשי תורה, אומר לו - בני, למה לא למדת הגדה, ולא שנית, שבשעה שחכם יושב ודורש, אני מוחל ומכפר עוונותיהם של ישראל, ולא עוד אלא בשעה שעונין אמן יהא שמיה רבה מברך, אפילו נחתם גזר דינם אני מוחל ומכפר להם עוונותיהם. בא לפניו מי שיש בידו הגדה, אומר לו הקדוש ברוך הוא - בני, תלמוד למה לא שנית, שנאמר - כל הנחלים הולכים אל הים והים איננו מלא, זה התלמוד, שיש בו חכמות הרבה. בא מי שיש בידו תלמוד, הקדוש ברוך הוא אומר לו - בני, הואיל ונתעסקת בתלמוד, **צפית במרכבה, צפית בגאוה,** שאין הנייה בעולמי, אלא בשעה שתלמידי חכמים יושבים ועוסקים בתורה, מציצין ומביטין ורואין והוגין המון התלמוד הזה - **כסא כבודי היאך הוא עומד. רגל הראשונה במה היא משמשת, שנייה במה היא משמשת, שלישית במה היא משמשת, רביעית במה היא משמשת, חשמל היאך הוא עומד, ובכמה פנים הוא מתהפך בשעה**

אחת, לאי זה רוח הוא משמש, הברק היאך הוא עומד, כמה פנים של זוהר נראין בין כתפיו, לאיזה רוח משמש, כרוב היאך הוא עומד, לאי זה רוח הוא משמש. גדולה מכולם עיון כיסא הכבוד, היאך הוא עומד, עגול הוא כמין מלבן, ומתוקן הוא, כמה גשרים יש בו, כמה הפסק בין גשר לגשר, וכשאני עובר באיזה גשר אני עובר, ובאי זה גשר האופנים עוברים, ובאיזה גשר הגלגלים עוברים. גדולה מכולם מצפורני ועד קודקודי, היאך אני עומד, כמה שיעור בפיסת ידי, וכמה שיעור אצבעות רגלי. גדולה מכולם כיסא כבודי, היאך הוא עומד, לאיזה רוח הוא משמש, באחד בשבת לאיזה רוח הוא משמש, בשני בשבת לאיזה רוח הוא משמש, בשלישי בשבת לאיזה רוח הוא משמש, ברביעי בשבת, בחמישי בשבת, בששי בשבת לאיזה רוח משמשין, וכי לא זהו הדרי, זהו גדולתי, זהו הדר יופי, שבניי מכירין את כבודי במידה הזאת. ועליו אמר דוד - מה רבו מעשיך הוי"ה, כולם בחכמה עשית, מלאה הארץ קנייניך. עד כאן לשון המדרש. מדרש זה לומדים על חובת כל אחד ואחד מישראל את לימוד כל חלקי הפרד"ס, ובעיקר את בחינת הסוד שבתורה, הנקרא[8] מעשה מרכבה, ובמעשה בראשית. ומבאר הרב בית לחם יהודה על השינוי שיש בפסוקים במעמד הר סיני, בפסוק אחד כתוב - ויחן שם **ישראל** תחת ההר. ומספר פסוקים יותר מאוחר כתוב וירא **העם** וינועו מרחק. וידוע כי כאשר כתוב בתורה **ישראל**, מדובר **בבני ישראל**, וכאשר כתוב **העם**, מדובר על **הערב רב**. וז"ל הרב בית לחם יהודה - ובזוהר בהעלותך דף קנ"ב ע"ב קרי להעוסקים בחכמת האמת, אינון דהוי קיימי בטורא דסיני. וז"ל - חכימין עבדי דמלכא עלאה אינון דקיימו בטורא דסיני, לא מסתכלי אלא בנשמתא, דאיהי עיקרא דכלא אורייתא ממש וכו'. ונראה בעיני אם מותר, משמע אותן שאינן יודעים סודות התורה לא עמדו על הר סיני, עד כאן לשונו. ונראה לי בביאור כוונתו כי בתחלה כשיצאו ישראל לקראת האלהי"ם, היו מתייצבים בתחתית ההר, ואחר כך נאמר וירא העם וינועו ויעמדו מרחוק, כי היו יראים פן תאכלם האש הגדולה הזאת וימיתו. והיה מקצת מהעם שהיו ששים ושמחים לקראת השכינה, ולא רצו לזוז ממקומם הראשון, ולעמוד מרחוק, אפילו אם ימיתו ממש. ועליהם הוא מה שכתב בזוהר הנזכר - אינון דקיימו בטורא דסיני, כלומר ולא נעו ועמדו מרחוק, אלא עמדו בטורא דסיני מתחלה ועד סוף, ולכן הם זוכים לחכמת האמת. ואותם הנשמות אשר נעו עם העם ועמדו מרחוק, כן הם עושים גם עתה, שנסים ועומדים מרחוק לחכמת האמת מיראתם, פן תאכלם האש הגדולה הזאת. ולכן על כל אחד ואחד מבני ישראל הקדושים מחויב לעמוד תחת עץ החיים.

יראיך יראוני וישמחו כי לדברך יחלתי. בספר הזוהר הקדוש מבואר מדוע התפילות של בני ישראל לא נענות, וז"ל תיקוני הזוהר תיקון מ"ג - **בראשית תמן את"ר יב"ש** במלת בראשית יש אותיות את"ר יב"ש, **ודא איהו ונהר יחרב ויבש** היסוד הנקרא נהר יחרב ויבש ממי השפע, ואין לו מה להשפיע למלכות, **בההוא זמנא דאיהו יבש** באותו הזמן שהיסוד הוא יבש, **ואיהי יבשה** המלכות הנקראת יבשה, היא יבשה כי לא מקבלת שפע מהיסוד, אז כאשר **צווחין בנין לתתא** מתפללים וצועקים בני ישראל, **ביחודא ואמרין** וביחוד שאומרים בני ישראל **שמע ישראל** שבא ז"א הנקרא ישראל להתיחד עם נוקבא בשעת התפילה דעמידה, עם כל זאת **ואין קול** של התפילה או הקריאת שמע שעוזרים לזיווג דזו"ן **ואין עונה** ואין מי שיענה וימלא את הבקשות בתפילתם. **הדא הוא דכתיב** וזהו שכתוב - **אז** בני ישראל יקראונני

גמרא חגיגה די"א ע"ב

בני ישראל בעת צרתם בקריאת שמע ובתפילה, **ולא אענה** ואני לא אענה אותם בתפלתם, מפני שלא לומדים ומתעסקים בפנימיות התורה. **והכי מאן דגרים דאסתלק** וכל מי שגורם הסלקות פנימיות תורת הקבלה **וחכמתא מאורייתא דבעל פה ומאורייתא דבכתב** מהתורה שבעל פה והתורה שבכתב, **וגרים דלא ישתדלון בהון** וגורמים גם לאחרים שלא יתעסקו וילמדו את חכמת הקבלה, **ואמרין דלא אית אלא פשט באורייתא ובתלמודא** ואומרים שאין בתורה ובתלמוד אלא פשט התורה, בלי פנימיות הסוד, **בודאי כאלו הוא יסלק נביעו מההוא נהר** בודאי נחשב לו כאילו הוא מסתלק את נביעת שפע החכמה והבינה מן היסוד, **ומההוא גן** ומן הנוקבא הנקראת גן, **ווי ליה** לאותו יהודי **טב ליה דלא אתברי בעלמא** טוב לו שלא היה נברא, **ולא יוליף ההיא אורייתא דבכתב ואורייתא דבעל פה** ולא היה לומד תורה שבכתב ותורה שבעל פה, כי דינו כעם הארץ שלא למד כלל, ועוד **דאתחשב ליה כאלו אחזר עלמא לתהו ובהו** שנחשב לו כאילו החזיר את העולם לתהו ובהו, ר"ל לסוד שבירת הכלים לפי שמגביר הקליפות כאשר הנהר והגן יבשים, **וגרים עניותא בעלמא ואורך גלותא** וגורם עניות בעולם ומאריך את הגלות השכינה וביאת המשיח. עד כאן דברי הזוהר הקדוש. וכותב רב חיים ויטאל זלה"ה בהקדמה וז"ל - אמנם שעשועות של הקדוש ברוך הוא בתורה, והיותו בורא בה את העולמו, היתה בהיותו עוסק בתורה בבחינת הנשמה הפנימית שבה, הנקרא - רזי תורה, הנקרא מעשה מרכבה, **היא חכמת הקבלה** כנודע אל היודעים, וטעם הדבר הוא להיותו עולם האצילות העליון מאד, טוב ולא רע, דלא יכיל להתערבא עמיה קליפה, ועליה אתמר - וכבודי לאחר לא אתן, כנזכר בספר התיקונין דף ס"ו תיקון י"ח, וכן בספר הזוהר בפרשת בראשית דף כ"ח ע"א עיין שם. ולכן גם התורה אשר שם [**אח"י** - בעולם האצילות] איננה רק מופשטת מכל לבושי הגופנים, מה שאין כן למטה בעולם היצירה, עולם דמטטרו"ן, הנקרא עבד טוב, והוא הנקרא עץ הדעת טוב מסטרא, ומסטרא דסמא"ל שהוא קליפין דיליה, **נקרא עבד רע**, כי התורה אשר שם, הם שית סדרי משנה **הנקראים שפחה** כנזכר לעיל, וכנזכר בפרשת בראשית שם דף כ"ז ע"א. ולכן נקראת משנה, לפי ששם יש שינויים הפוכים **טוב מסטרא דעבד טוב**, היתר, כשר, טהור. **רע מסטרא דעבד רע**, איסור, טמא, פסול. גם הוא מלשון כי מרדכי היהודי משנה למלך, שהיה שפחה הנקרא עבד מלך, מלך גם נקרא מלשון שינה, כנזכר בפרשת פינחס דף רמ"ד ע"ב - קם זמנא תנינא ואמר, מארי מתניתין נשמתין ורוחין ונפשין דילכון אתערו כען ואעברו שינתא מניכון דאיהו, ודאי משנה אורח פשט, דהאי עלמא ואנא לא אתערנא בכו, אלא ברזין עילאין דעלמא דאתי דאתון בהון, לא ינום ולא ישן. וזה יובן במה שמבואר יותר למעלה שם - **ורבנן דמתניתין ואמוראי, כל תלמודא דלהון על רזין דאורייתא סדרו ליה**. ונמצא כי המשנה והש"ס הם הנקרא גופי תורה. והנה דבריהם בלי פתרון, **ורזיה וסתריה הפנימים הנקרא נשמת התורה, הם הם פתרון החלום הנפתר בהקיץ**, בסוד - אני ישנה ולבי ער, וכמו[9] שאמרו חכמים ז"ל - **במחשכים הושיבני כמתי עולם, זה תלמוד בבלי**, אשר איננו מאיר אלא על ידי ספר הזוהר, **הם הם רזי תורה וסתריה** אשר עליהם נאמר - ותורה אור. ואין ספק כי כמו שהיצר נקראת עבד ושפחה בערך האצילות, ונקרא קליפין ולבושין דחול, כנזכר בהקדמת ספר התיקונין ד"ג ע"ב וז"ל - וביומי דחול לביש עשר כתות דמלאכיא דמשמשי לעשר ספירות דבריאה. ואם כן אין לתמוה כי התורה אשר שם שהיא המשנה, תהיה נקרא שפחה וקליפין דתורה דאצילות, וזה סוד כל הבשר חציר הנזכר

9

סנהדרין דכ"ד ע"א.

לעיל במאמר הראשון, כי כמו שהחטה שהיא בגימטריא כמנין כ"ב אותיות התורה, הגנוזה תוך כמה קליפין ולבושין שהם הסובין והמורסן והתבן והקש והעשב, הנקרא חציר, כן המשנה אצל סודות התורה נקרא חציר, וזה נרמז בספר הזוהר פרשת כי תצא ברעיא מהמנא דף רע"ה ע"ב - **אצל רבנן ווי לאינון דאכלין תבן דאורייתא, ולא ידעי בסתרי אורייתא, אלא קלין וחמורין דאורייתא, קלין אינון תבן דאורייתא, וחמורין אינון חטה דאורייתא, ח"ט ה' אלנא דטוב ורע וכו'.** ואלו באתי להרחיב דרוש זה לא יספיקו מאה קונטרסין בלי ספק בלי שום גוזמא, האמנם החכם החכם עיניו בראשו כי דברי אמת אני אומר, ואל יתמה האדם בראותו ספר הזוהר איך קורא אל המשנה שפחה וקליפין, כי עסק המשנה כפי פשטיה, **אין ספק שהם לבושין וקליפין חיצונים בתכלית אצל סודות התורה הגנוזים,** ונרמזים בפנימיותה כי כל פשטיה הם בעלם הזה בדברים חומרים תחתונים..... על כן על כל בני ישראל לאכול מעץ החיים.

מה אהבתי תורתך כל היום היא שיחתי. ומבאר הרב ז"ל בהקדמה לשער המצות, כי עסק לימוד פנימיות התורה הוא חלק בלתי נפרד מתלמוד תורה, וז"ל - גם בענין עסק התורה שהיא אחת מרמ"ח מצות עשה, אם לא השלים אותה, **שהוא ענין עסקו בפרד"ס התורה,** שהוא ראשי תיבות **פשט רמז דרש סוד,** בכל בחינה מהם כפי אשר יוכל להסיג, **עד מקום שידו מגעת,** לטרוח ולעשות לו רב שילמדנו. ואם לא עשה כן, הרי חסר מצוה אחת של תלמוד תורה, שהיא גדולה ושקולה ככל המצות, וצריך **להתגלגל** עד שיטרח הארבעה בחינות של פרד"ס כנזכר. וכן מבאר הרב בית לחם יהודה בהקדמתו הקדושה, וז"ל - ומה מאד נמלצו [**אח**]**"י** - מלשון מליצה] בזה דברי הנביא ירמיה)סימן כ"ב(באומרו - אל תבכו למת וכו'. שהוא מדבר עם הציבור המתקבצים להספיד על איזה צדיק הנפטר רח"ל, על שנחסר צדיק אחד מהדור שהיה מנין בזכותו עליהם. וקאמר להו הנביא אל תבכו וכו', **לפי שרובם של צדיקים אינם זוכים לעסוק בכל ארבעה חלקי הפרד"ס, ואם כן מוכרחים הם לחזור ולבוא בגלגול כדי להשלים לימודם בארבעה חלקים,** כי אפילו הוא עסק בשלוש חלקי הפרד"ס, לא יצא ידי חובתו, ועליו נאמר הן כל אלה יפעל א"ל פעמים שלש עם גבר, להחזירו בגלגול. ואם כן הויא פסידא דהדרא. ואפשר שבו ביום שנפטר הוא חוזר ומתגלגל, כנזכר בזוהר ריש פרשת אמור, יעו"ש. ואם כן אין לכם פסידא כל כך. אמנם בכו בכו להלך, לאותו צדיק שכבר עסק בארבעה חלקי הפרד"ס. כי תיבת להלך היא חסר ו', ואם תחשוב תיבת להלך ארבעה פעמים עם ארבעה הכוללים, שהם כנגד ארבעה חלקי הפרד"ס, הם בגימטריא פרד"ס. **שזה הצדיק לא ישוב עוד וראה את ארץ מולדתו, כי על ארבעה לא אשיבנו.** שזהו פסידא דלא הדרא באמת, ונחסר לגמרי מן העולם הזה, עד כאן לשונו. ולכן חובה על כל אדם לעסוק בכל חלקי הפרד"ס, ובפרט בחלק הסוד, הנקרא פנימיות התורה, כמבואר בזוהר הקדוש כמובא בזוהר הקדוש פרשת נשא דף קכ"ד - **בהאי חבורא דילך דאיהו ספר הזוהר יפקון ביה מן גלותא ברחמי,** בזכות הלימוד בספר הזוהר הקדוש, יצאו בני ישראל מהגלות **ברחמים.** ועוד כל מי שחשקה נפשו ללמוד, אסור למנוע זאת ממנו, בסוד הפסוק[10] - אל תמנע טוב מבעליו, ועל כל אדם להיכנס לפרד"ס החיים.

משלי ג' כ"ז – אל תמנע טוב מבעליו בהיות לאל ידך לעשות.

אשרי האיש אשר לא הלך בעצת רשעים ובדרך חטאים לא עמד ובמושב לצים לא ישב. דע כי יהיו הרבה אנשים רשעים, שינסו למנוע מבני ישראל הקדושים ללמוד בכללות תורה, ובפרט את תורת הקבלה, מכל מיני סיבות ומניעות, והשטן מדבר מגרונם של אלו הרשעים. ואלו דברי קודשו של בעל שבט מוסר רבינו אליהו הכהן האתמרי זצלה"ה - ובהביטך בן אדם מה שעבר על אחרים למה תרדוף אתה אחר כל אלה הדברים הזרים, להשביע נפש מרורים ולמוסרה ביד צרים המה המקטרגים הצוררים, ולמה לא תחמול על נפשך ועל נועם תבנית צלם גופך למוסרו בידן ולהשליכו בתוך גחלי רתמים בטיט היון של גיהנם, להשחירו ולהתיכו כאשר ניתך הזפת בפני האש, אשר על כן תן עצה אתה בנפשך **לברור בדרך החיים בעסק התורה והמצות,** וגם להצטער עצמך זמן קצוב הם חיי עולם הזה, כדי שתתענג זמן רב בלתי סוף ותכלית, ואל יעלה על דעתך כאשר עלה בדעת הרבה שנאבדו בידם באומרם כיון שמכיר אני בעצמי שאין בדעתי להבין ולהשכיל, איני עוסק בתורה, טועה הוא בדבר, שהרי הוא מחוייב לעשות מה שנצטוה לעשות, ואם יבין יבין, **שהרי והגית בו יומם ולילה כתיב** ולא כתיב ותבין בו, וכן תמצא בדברי התנא אם למדת תורה הרבה נותנין לך שכר הרבה, ואינו אומר אם הבנת הרבה, אלא למדת אמרו, ותשתדל להבין ואם תבין תבין, ואם לא שכר לימודך בידך, וכמאמר התנא לפום צערא אגרא, ומה גם שאמרו האדם איני לומד מפני שאיני מבין, **הוא פיתוי היצר,** יתמיד בלימודו וסוף הבינה לבא, שבראות קדוש ברוך הוא **חשקו בתורתו ודבקותו בה, פותח לו מעייני החכמה,** דכתיב - כי הוי"ה יתן חכמה מפיו דעת ותבונה. והנני מוסר לך דבר אשר תרדוף אחריה, ויהיה חיים לנפשך וענקים לגרגרותיך, **לעולם יהיה עיקר לימודך בדבר של תורה שליבך חפץ יותר,** אם בגמרא גמרא, ואם בדרוש דרוש, ואם ברמז רמז, **ואם בקבלה קבלה,** ורמז לדבר כי אם בתורת הוי"ה חפצו, כלומר תורת הוי"ה תלויה בדבר שלבו חפץ לעסוק, וכמו שמבאר האר"י זלה"ה בספר דרושי הנשמות והגלגולים פרק שלישי, וז"ל - יש בני אדם שכל חפצם ועסקם בפשטי התורה, ויש שעסקם בדרוש, ויש ברמז, ויש גם כן בגימטריות, **ויש בדרך האמת,** הכל כפי מה שעליו נתגלגל בפעם ההוא, כיון שהשלים פעם אחרת בשאר העניינים, אין צורך לו שבכל גלגול יעסוק בכולם, עד כאן לשונו. **ואל תביט ותשגיח לדברי המתנגדים על מה שחשקת לעסוק בתורה** בגמרא או בפשט או בדרוש וכו', באומרם לך למה אתה מוציא כל ימיך בפרט זה של תורה ולא בפרט זה, משום שעל מה שחשקת ללמוד, על דבר זה באת לעולם, ואם תשים דעתך לדבריהם, יכריחוך להתגלגל בזה העולם פעם אחרת ולעבור נפשך בחרב חדה של מלאך המות ולטעום טעם מיתה, ולכן לא תשמע לדברי המשחית נפשך, **כי דע שהשטן מתלבש באלו האנשים לדאוג ולהצטער ולהכאיב נפש הלומד ועוסק בתורה,** בחלק שאותה נפשו לעסוק, כדי להבדילו משם שלא ישלים נפשו, על מה שבא להשלימה, ולהכריחו גלגולים אחרים, וכשם שבדבר שחושק יותר האדם ללמוד, משם יבין שעל דבר זה נתגלגל להשלים, כך צריך האדם שידע שורש נשמתו ומהיכן נמשך ועל מה בא לתקן ולהשלים, כמו שאמר בזוהר שיר השירים על הגידה לי את שאהבה נפשי וכו'. **וכדי שיבין יראה באיזה מצוה תקיף יצרו יותר לבטלה יתחזק בה לקיימה, כי בוודאי על מצוה זו נתגלגל,** וכדי שלא ישלים חוקו מנגדו יצרו לבטלה להוציאו מן העולם בידיים ריקניות... ולכן לא תשמע לדברי רשעים אלו, אלא תשמע לדברי חיים.

חבר אני לכל אשר יראוך ולשמרי פקודיך. בסוף[11] עץ חיים מובא מספר כללים למהרח"ו, וז"ל - להאר"י זלה"ה. הרמב"ן וחבריו ודברי ראשונים כמו רבי נחוניא בן הקנה לא הזכירו רק עשר ספירות, ולא גילו עניני פרצוף כלל. **ודע שהרמב"ן והראשונים היו יודעים בפרצוף**, אלא שדברו בהעלם גדול, לרוב הגלות שלא ניתן רשות לגלות, ולהתפשט האורות הגדולים, מאחר שגברו הקליפות, וכל זר לא יאכל קדש. **אמנם בעקבות משיחא כמו בדורינו זה התחילו האורות להתפשט להיות כבראשונה**, כמו שהיה בזמן העולם מתוקן ולהתתקן מעט. ומתחלה היו האורות סתומים, היה העולם מקולקל, וכל מה שנתקלקל נסתם בגלות, ולא היו משיגין אלא עשר ספירות בסתום, בסוד הנקודות, כל אחד כלול מעשר, ובעניין הפרצופים לא נתגלה להם כלל, לפי שמצאו בדברי הראשונים סתומים, ולא ידעו עומק הדברים, וחשבו שכך הוא ודברו בעשר ספירות כל אחד כלול מעשר ובחינות הרבה, ולפי שראיתי מי שחולק על דברים אלו לאמור שלא מצינו אלא עשר ספירות, ומהיכן יש לשלוט כח לאמור כמה פרצופים שנמצא יותר מעשר ספירות, ומספר רב והלא הראשונים כתבו בספר יצירה - עשר ולא תשע, עשר ולא י"א, לזה באתי לפתוח לך כחודא דמחטא, אולי תזכה להבין מקצת, וכולו לא תשורנו עין, וזהו. ובהקדמתו[12] הקדושה כותב הרב ז"ל - והנה אין בכל דור ודור שלא נמצאו בו אנשים יחידי סגולה ששרתה עליהם רוח הקודש, והיה אליהו הנביא ז"ל נגלה עליהם, **ומלמד אותם סתרי החכמה הזאת**, וכמו שנמצא כתוב בספרי המקובלים, גם בעל ספר הרקנטי כתב בפרשת נשא בפרשת ברכת כהנים..... ואנשי לבב שמעו לי, אל יהרסו אל הוי"ה, **לראות בספרי האחרונים הבנויים על פי השכל האנושי**, ושומע לי ישכון בטח ושאנן מפחד רעה. ולכן אני הכותב הצעיר חיים וויטאל, רציתי לזכות את הרבים **בהעלם נמרץ והמשכילים יבינו**, וקראתי שם החבור הזה על שמי **ספר עץ חיים**, וגם על שם החכמה הזאת העצומה, חכמת הזוהר, הנקרא עץ חיים, ולא עץ הדעת כנזכר לעיל, בעבור כי בחכמה הזאת טועמיה חיים זכו, ויזכו לארצות החיים הנצחיים, **ומעץ החיים הזה ממנו תאכל, ואכל וחי לעולם**. ואשכילך ואורך דרך זו תלך דע מן היום אשר מורי זלה"ה החל לגלות זאת החכמה, **לא זזה ידי מתוך ידו אפילו רגע אחד**, וכל אשר תמצא כתוב באיזה קונטריסים על שמו ז"ל, ויהיה מנגד מה שכתבתי בספר הזה, **טעות גמור הוא, כי לא הבינו דבריו, ואם יש בהם איזה תוספות שאינו חולק עם ספרינו זה, אל תשית לבך בקבע אליו, כי שום אחד מהשומעים את דברי קדשו, לא ירדו לעומק דבריו וכוונתו, ולא הבינום**, בלי שום ספק. ואם יעלה בדעתך לחשוב שתוכל לברור הטוב ולהניח הרע, אל בינתך אל תשען, כי אין הדברים האלו מסורים אל לב האדם כפי שכל אנושי, והסברא בהם סכנה עצומה, ויחשב בכלל קוצץ בנטיעות חס ושלום, לכן הזהרתיך ואל תסתכל בשום קונטרסים הנכתבים בשם מורי זלה"ה, זולתי במה שכתבנו לך בספר הזה, **ודי לך בהתראה זאת**, אלו הם דברי קודשו. ועלינו ללמוד אך ורק בתורת מורינו חיים.

אני קראתיך כי תענני אל הט אזנך לי שמע אמרתי. עוד כתב הרב ז"ל בהקדמתו תנאים כדי לזכות לחכמה הקדושה הזאת, וז"ל - אני הכותב משביע בשמו הגדול יתברך, לכל מי שיפלו

---

[11]

ע"ח ח"ב דקי"ט ע"א.

[12]

ע"ח ד"ד ע"ב.

הקונרטסים אלו לידו, שיקרא הקדמה זאת, ואם אותה נפשו לבוא בחדרת החכמה זאת, יקבל עליו לגמור ולקיים כל מה שאכתוב וייעד עליו יוצר בראשית, שלא יבוא אליו היזק בגופו ונפשו, ובכל אשר לו, ולא לאחרים. תחת רודפו טוב והבא לטהר ולקרב. **ראשית הכל יראת הוי"ה, להשיג יראת העונש, כי יראת הרוממות, שהוא יראה הפנימית, לא ישיגוהו רק מתוך גדלות החכמה**, ועיקר מגמתו בידיעה הזה יהיה לבער קוצים מן הכרם, כי לכן נקראים העוסקים בחכמה הזאת מחצדי חקלא. **ובודאי שיתעוררו הקליפות נגדו לפתותו ולהחטיאו, לכן יזהר שלא לבוא לידי חטא אפילו שוגג**, שלא יהיה להם שייכות בו, לכן צריך ליזהר מהקלות, כי הקדוש ברוך הוא מדרדק עם הצדיקים כחוט השערה, לכן צריך לפרוש עצמו מבשר ויין כל ימות השבוע, **וצריך הזהרת סור מרע ועשה טוב**, ובקש שלום. בקש שלום צריך להיות רודף שלום, ולא להקפיד בביתו על דבר קטן וגדול, וכל שכן שלא יכעוס ח"ו.

וצריך להתרחק בתכלית הריחוק סור מרע.

א. ליזהר בכל דקדוקי מצות, ואפילו בדברי חכמים, שהם בכלל לא תסור.

ב. לתקן המעוות קודם שיבא לעולם הבא.

ג. יזהר מהכעס, אפילו בשעה שמוכיח את בניו, לא יכעוס כלל ועיקר.

ד. גם צריך ליזהר מהגאוה, ובפרט בעניין הלכה, כי גדול כחה והגאוה, בזה עון פלילי.

ה. בכל צער שיבא לו, יפשפש במעשיו וישוב אל הוי"ה.

ו. גם יטבול בעת הצורך לו.

ז. גם יקדש את עצמו בתשמיש המטה שלא יהנה.

ח. שלא יעבור כל לילה ויחשוב בכל לילה מה שעשה ביום, ויתודה.

ט. גם ימעט בעסקיו ואם אין לו פרנסה כי אם על ידי משא ומתן, יכין יום שלישי ויום רביעי, מחצי היום ואילך, ובכוונה שהוא לעבודת קונו.

י. כל דבור שאינו של מצוה והכרחי, יהיה זהיר ממנו, ואפילו דבר מצוה ימנע בשעת התפלה.

ועשה טוב

א. לקום בחצי הלילה, ולעשות הסדר בשק ואפר ובכי גדול, ובכוונה כל אשר יוציא בשפתיו. ואחר כך יעסוק בתורה כל זמן שיוכל להיות בלי שינה, ובלבד שחצי שעה קודם עלות השחר יתעורר לעסוק בתורה.

ב. ילך לבית הכנסת קודם עלות השחר, קודם חיוב טלית ותפילין, להיזהר שיהיה מעשרה ראשונים.

ג. קודם שיכנס, ישים אל לבו מצות עשה ואהבת לרעך כמוך, ואחר כך יכנס.

ד. להשלים רמז צדיק בכל יום. שהוא צ' אמנים, ד' קדושות, י' קדישים, ק' ברכות.

ה. שלא להסיח דעתו מהתפילין בעת התפילה, זולת בעת העמידה ועסק התורה.

ו. צריך שיהיה עוסק בתורה, מעוטף בטלית ותפילין.

ז. לכוין בתפלה הכוונות, כמו שנבאר בע"ה.

ח. שישים תמיד נגד עיניו שם בן ארבעה אותיות הוי"ה, ויזדעזע ממנו, כמו שכתוב - שויתי הוי"ה לנגדי תמיד.

ט. שיכוין בכל הברכות, בפרט בברכת הנהנין.

י. צריך שיהיה עמל בתורה פרד"ס, שנאמר או יחזיק במעוזי, ואל יחשוב שיגלו לו רזי התורה בהיותו ריק, כדכתיב - יהב חכמתא לחכימין, וצריך ליזהר שלא יוציא בשפתיו בחכמה זו, מה שלא שמע מאדם שראוי לסמוך עליו, וכאזהרת רשב"י וחבריו. השגת החכמה תנאי הראשון, צריך למעט דבורו, ולשתוק, כל מה שיוכל כדי שלא להוציא שיחה בטילה, כמאמר רז"ל - סייג לחכמה שתיקה. גם תנאי אחר, על כל דבר תורה שלא תבינהו, תבכה עליו כל מה שתוכל. גם עלית הנשמה בלילה לעולם העליון, שלא תשוט בהבלי העולם, תלוי שתישן בבכיה. ומרת עצבות מגונה עד מאוד, ובפרט להשיג חכמה, והשגה אין לך דבר מונע השגה יותר מזה. גם בענין השגת האדם, אין לך דבר שמועיל כמו הטהרה והטבילה, שיהיה האדם טהור, בכל עת ומורי זלה"ה עם היות שהיה לו חולי השבר שהקרור מזיק לו, עם כל זה לא היה מונע מלטבול בכל עת, עד כאן דברי קודשו. ועלינו לקיים את בקשת הרב ז"ל את הבחינות של[13] סור מרע ועשה טוב, כדי לטפס בעץ החיים.

מרן הרש"ש מעיד[14] על עצמו, וז"ל - וראיתי מה שכתבו מעלת כבוד תורתם, על ענין עבודת הוי"ה שקצרתי במקום שהיה ראוי להרחיב מעט הדיבור, אמת הוא כי לכתחילה קצרתי בו, **יען ראיתי כמה מהנזק יצא ממה שכתבו בזה המקובלים שקדמו, כי רבים חללים הפילו, וחלול כבוד הוי"ה, וכבוד התורה. הוי"ה יכפר בעדם**, כי כל דבריהם לא על פי התורה הם, ואינם מיוסדים על האמת, ומהם יצאו אבות, ומאבות תולדות הריסת יסודי התורה ח"ו, הוי"ה יכפר. **וכל זה לא שלמדתי בדבריהם ח"ו**, אלא שפעם אחת הוכרחתי בעל כרחי לעיין בדף אחד שכתוב בו קצור מה שכתבו בענין זה, **וכמעט שקרעתי בגדי לראות דברים אשר לא כן על הוי"ה.** הוי"ה יכפר, וכבר מילתי אמורה להם, **כי עידי בשמים כי כל עסקי ולמודי, אינו רק בדברי האר"י זלה"ה, ותלמידו מהרח"ו ז"ל לבדם, ובלעדם אין לי עסק בשום ספר מספרי המקובלים ראשונים ואחרונים, ואפילו בדברי שאר תלמידי האר"י ז"ל לא למדתי, וכשיזדמן לפני דבר מדבריהם, אני מדלגו.** כי על כן איני כמזהיר, אלא כמזכיר, למען הוי"ה אל יהי לכם מגע יד בדבריהם, ובפרט בענין זה, השמרו לכם פן יפתה לבבכם, **אלא כל לימודם לא יהיה אלא בעץ חיים ובספר מבוא שערים ובשמונה שערים המפורסמים**, שכולם דברי אלהי"ם חיים. ואני קצרתי בענין זה כל מה שאפשר, כי יראתי פן יפלו דפים אלו ביד מי שעדיין לא למד דברי האר"י ז"ל כראוי, **ויחשידני שלמדתי בספרים אחרים, ולא כן הוא כאמור**, ולכן קצרתי בו, ופיזרתי בהקדמה, עד כאן דברי קודשו של מרן הרש"ש. ואנחנו תפילה שיתגלה משיח צדיקנו במהרה בימינו, ומלאה[15] הארץ דעה את הוי"ה כמים לים מכסים, דעת תורת החיים.

<hr>

13

תהלים ל"ד ט"ו – סור מרע ועשה טוב בקש שלום ורדפהו.

14

נהר שלום דף ל"ד ע"א.

15

ישעיהו י"א ט' – לא ירעו ולא ישחיתו בכל הר קדשי כי מלאה הארץ דעה את הוי"ה כמים לים מכסים.

כתב רבינו גאון הקבלה רבי אליהו מני, רבו של הרי"ח הטוב, רבי יוסף חיים בעל הספר "בן איש חי", בספרו הקדוש **כסא אליהו** כי על הלומד ללמוד כל מאמר ומאמר ארבעה חמשה פעמים בלי המפרשים, וינסה להבין את המאמר בעצמו. ואחר כך ילך לראות אם כיוון לדעת המפרשים.

וכן אני הקטן מבקש בכל לשון של בקשה, ללמוד את הדרוש כמו שהוא מובא בספר עץ חיים, ארבעה חמישה פעמים, כדי לנסות להבין את הדרוש. וכל דרוש מובא בתחילת הספר במלואו.

אחר כך יכנס ללמוד את הדרוש עם ביאור הדברים, עוד ארבעה חמישה פעמים, ואחר כך יראה את המקורות להגהות, ודברי רבותינו הקדושים, עם התרשימים וטבלאות.

ואז יעלה ויצליח בלימוד תורת האר"י החה"י.

כתב רבינו **השד"ה** רבי שאול דווייק הכהן, בהקדמת ספרו איפה שלימה, על אוצרות חיים וז"ל - וכדי שיוכל לעלות לימודו למעלה, ריח ניחוח לה'. קודם כל לימוד ימסור עצמו על קדושת ה', כי זה מועיל מאוד, כמו שכתוב בשער הכוונות דף כ"ד ע"ב, כי עתה בזמנינו בעונותינו הרבים אין יכולת לעשות זווג כתיקונו למעלה, ולסיבה זו הקץ מתארך וכו'. אמנם עם כל זה יש קצת תיקון במה שנמסור נפשינו על קידוש ה' בכל הלב, כי על ידי כן אפילו אין בנו שום מעשים טובים, והרשענו עד להפליא. הנה על ידי מסירת נפשינו להריגה, מתכפרים עונותינו כולם, ויש בנו יכולת לעלות עד אימא עילאה, כמו שאמרו חז"ל - גדולה תשובה שמגעת עד כסא הכבוד, שנאמר - שובה ישראל עד ה' וכו', עד כאן דבריו.

וזה הסדר

יקבל עליו ארבע מיתות בית דין, מארבעה אותיות הוי"ה וארבעה אותיות אדנ"י, וליחדם על ידי ארבעה אותיות אהי"ה ועל ידי עסמ"ב

סקילה י **א**	וליחדם על ידי **א**		יוֹד הֵ"י וי"ו הֵ"י
שרפה ה **ד**	וליחדם על ידי הֵ		יוֹד הֵ"י וֹא"וֹ הֵ"י
הרג ו **נ**	וליחדם על ידי י		יוֹד הֵ"א וֹא"וֹ הֵ"א
וחנק ה **י**	וליחדם על ידי הֵ		יוֹד הֵה ו"ו הֵה

לְשֵׁם יִזּוּד
קֻדְשָׁא בְּרִיךְ הוּא וּשְׁכִינְתֵּהּ

יאהדונהי

בִּדְזוִילוּ וּרְזוִימוּ   וּרְזוִימוּ וּדְזוִילוּ

יאההויהה   איההויהה

לְיַזְּדָא אוֹתִיּוֹת י"ה בּו"ה, בְּיִזּוּדָא שְׁלִים

יהו"ה

בְּשֵׁם כָּל יִשְׂרָאֵל, לַאֲקָמָא שְׁכִינְתָּא מֵעַפְרָא, הָרֵינִי לוֹמֵד בַּסֵּפֶר קַבָּלָה פְּלוֹנִי שֶׁהוּא כְּנֶגֶד תִּפְאֶרֶת דְּז"א בְּעוֹלָם הָאֲצִילוּת שָׁבוּ שֵׁם מ"ה כְּזֶה יוֹ"ד ה"א וָא"ו ה"א לַעֲשׂוֹת מֶרְכָּבָה. וִיהִי רָצוֹן מִלְפָנֶיךָ ה' אֱלֹהֵינוּ וֵאלֹהֵי אֲבוֹתֵינוּ שֶׁתּוֹכֵךְ רוּחֵנוּ וְנַפְשֵׁינוּ שֶׁיְּהִי רְאוּיִם לְעוֹרֵר מַיִן תַּתָּאִין עַל יְדֵי קְרִיאַת סֵפֶר הַקַּבָּלָה הַזֹּאת. וִיהִי נֹעַם יְהֹוָה אֱלֹהֵינוּ עָלֵינוּ וּמַעֲשֵׂה יָדֵינוּ כּוֹנְנָה עָלֵינוּ וּמַעֲשֵׂה יָדֵינוּ כּוֹנְנֵהוּ.

בָּרוּךְ ה' לְעוֹלָם אָמֵן וְאָמֵן, נֶצַח, סֶלָה, וָעֶד.

שער ו' פרק ג'

והנה נתבאר ג' בחי' הטעמים אמנם גם ג' בחי' הנקודות ותגין ואותיות כלולים בהם אלא שאינם נגלים כלל כאן עד למטה באורות עינים כמ"ש במקומו בע"ה ונבאר יציאת אורות אלו הנקרא עקודים. דע כי בעת שיצאו לא יצאו שלימים וכמ"ש בע"ה וטעם הדבר הוא כי כוונת המאציל היה לעשות עתה התחלת הויות הכלים)נ"א בתחלה הויות הכלי(להלביש האור לצורך המקבלים שיוכלו לקבל ולכן בהיות שיצאו בלתי שלימים וגמורים חזרו לעלות לשורשן להתתקן ולהשתלם ועי"כ נעשה כלי כמ"ש. והענין הוא כי בודאי שבחי' הכלים היה בכח אף כי לא היה בפועל בתוך האור כי היה בבחי' האור היותר עב וגס רק שהיה בו מחובר בעצם היטב ולכן לא נגלה בחינתו כי)נ"א חבל(כאשר יצא האור דרך הפה ולחוץ יצא הכל מעורב יחד וכשחזרו לעלות ולהשתלם כנ"ל אז ודאי ע"י יציאת האור חוץ לפה הנה אותו אור בחי' הכלים שהוא יותר עב קנה עתה עביות יותר ועי"כ לא יוכל לחזור גם הוא למקורו כבראשונה ונתפשט האור הזך ממנו ועלה למקורו כנ"ל ואז נתוסף באור עב כנ"ל עביות יותר על עוביו ואז נגמר ונשאר בבחי' כלי. וא"ת כאשר יחזור האור הזך לירד ולהתפשט בכלי יחזור ויזדכך הכלי כבראשונה ויתבטל מלהיות בחי' כלי)נ"א ויתבטלו מלהיות בחי' כלים(התשובה בזה הוא כמ"ש במ"א כי לא חזרו כל הי"ס שנתעלו למקורם לחזור ולירד כולם. אמנם הט' תחתונים לבדם ירדו והעליונה שהוא הכתר נשארה תמיד עם המאציל ובזה נמצא שאור החכמה הוא שחזר להתלבש בכלי הכתר וכן כל שאר הספירות ויכולין הכלים לקבל האור הממועט ממנו עתה ממה שהיה להם בתחלה.

והנה דע כי כולם יצאו בבחי' נפש לבד וז"ס פ' נשבע ה' בנפשו כי האצילות הנקרא נקודים כמ"ש והוא הנקרא הוי"ה נשבע במי שגדול ממנו והוא עולם העקודים אשר יצאו בבחי' נפש לבד ובזה תעמיק ותראה כמה עמקו מחשבותיו יתברך כי אפי' עולם עליון של העקודים אינו רק בבחי' נפש לבד. והנה כל הי"ס יצאו אבל לא יצאו יחד כולם רק תחלה יצאה בחי' מלכות מעולם העקודים היפך מעולם הנקודים וכמ"ש במקומו בע"ה ומל' זו יצאה בבחי' נפש לבד כי אין לך ספי' שאין לה בחי' נר"ן כנודע ואמנם לא יצאו עתה רק בבחי' נפש לבד והנה תחלה יצאה מלכות בבחי' נפש ואח"כ כאשר יצאה בחי' היסוד לא נתגלה)בחי' היסוד(ביסוד רק בחי' נפש לבד לעצמו אבל נתוסף הארה במלכות שנתגלה בה בחי' רוח וטעם הדבר הוא לפי שסוד הרוח בא מו"ק כנודע ולכן בבא היסוד התחיל להתגלות במל' בחי' הרוח ואינו נשלם לגמרי עד שיצאו כל הו"ק שהוא מיסוד עד החסד ואז נגמר בחי' הרוח כולו של מלכות ובבא כ"א מהם היה מתגלה במל' קצה א' מבחי' רוח כמ"ש בזוהר תרומה וכבר נודע כי היסוד אינו מכלל הו"ק כי אינם רק ה' חסדים)נ"א קצוות(מחסד עד הוד אך היסוד אינו לוקח חסד פרטי לעצמו רק שנכללין כל הה' קצוות בו)נ"א הו"ק בו(נמצא)שכל(כי בחי' כללות של הרוח זה הוא שנתגלה במל' כאשר בא יסוד אבל בצאת ההוד או הנצח וכיוצא משאר ספי' אז היה מתגלה בחי' הקצוות ממש של הרוח במל'. והנה כל זה הוא מה שנוגע אל בחי' המל' אמנם מה

שנוגע אל הו"ק דז"א הוא באופן זה כי בצאת היסוד אז מתגלה בחי' כללות ה"ק דז"א בבחי' נפש לבד אך בבא ההוד אז מתגלה קצה א' דנפש דז"א וכן עד שנשלמו כל הו"ק. עוד יש הפרש א' בין היסוד לה"ק אחרים והוא כאשר בא ההוד נתן כח כללותו מחדש ביסוד בחי' נפש לבד וכן כולם עד שיצא החסד וגם הוא נתן בצאתו כח כללותו ביסוד משא"כ בשאר ה"ק כי בבא אחד לא היה מוסיף שום תוס' בחבירו כלל ועיקר כי כולם שוים רק כאשר נשלמו כל הששה אז נמצא שנגמר כל הז"א בבחי' נפש ואח"כ יצאה הבינה בבחי' נפש לבד לעצמה ובחי' רוח לז"א ובחי' נשמה למלכות ואח"כ יצאה החכמה בבחי' נפש לעצמה ובחי' רוח לבינה ובחי' נשמה לז"א ובחי' חיה למלכות ואח"כ יצאה הכתר בחי' נפש לעצמה ובחי' רוח לאבא ובחי' נשמה לאמא ובחי' חיה לז"א ובחי' יחידה למלכות והרי כי בבוא כתר שהוא כתר אחרונה מכולם לא יצאה כי אם בבחי' נפש לבד וז"ס הפ' נשבע ה' בנפשו ע"ד הנ"ל ואפי' בחי' זו של נפש הכתר לא נשארה בעולם)הנקודים(עקודים כנ"ל כי חזרה להתעלם ונשארה דבוקה במקומה במאצילה.

ואמנם בבוא כתר נמצא כתר המל' שלים' מכל ה' אורו' פנימי' שהם נרנח"י ועתה היו חסרים עדיין כל הספי' כנ"ל שיצאו חסרים בלי תשלומין והי' זה ממש בכוונה גמור' כנ"ל ולכן הוצרכו לחזור ולעלות אל המאציל לקבל ממנו תשלומיהן. ואמנם עתה בחזרה היה הכתר חוזר בתחלת כולם נמצא שיצא אחרון ונכנס ראשון והמל' היה להיפך כי יצאה ראשונה ונכנסה אחרונה וז"ס הפ' אני ראשון ואני אחרון וביאור זה הפ' יצדק בין בספי' הכתר בין בספיר' המלכות אלא שזה היפך זה והוא כמו שנודע כי אנ"י הוא כינוי אל המלכות ובהפוכו אי"ן כנוי אל הכתר והנה בהתעלם הכתר במקומו)ב"א אל מקורו(עלתה החכמה במקום הכתר ובינה במקום חכמה וכן על דרך זה כולם עד שנמצא המל' במקום היסוד וע"י עליה זו במקום היסוד ניתוסף בה האור והיה לה בחי' מקיף א' אשר כנגד בחי' חיה הפנימי. גם ז"א עלה במדרגה א' וניתוסף בו בחי' יחידה מן אורות פנימים ועתה נשלם לו ה' אורות פנימים. ובינה ניתוסף בה בחי' חיה הפנימי וחכמה ניתוסף בה בחי' נשמה הפנימי. ואח"כ עלתה החכמה במאציל ועלתה בינה במקום הכתר וניתוסף בה בחי' יחידה הפנימי ונשלמה בכל אורות ה' פנימים. וז"א ניתוסף בו מקיף א' נגד חיה הפנימי ומלכות נתוסף בה מקיף יותר עליון אשר כנגד יחידה הפנימי ואח"כ עלה חסד במקום כתר כי בינה עלתה במאצילה ואז ניתוסף בז"א גם בחי' מקיף ב' עליון שכנגד יחידה הפנימי ומשם ואילך לא הרויחו ז"א ומלכות ולא ניתוסף בהם עוד תוס' אור והענין הוא בהקדמה א' שצריך שתדע והוא כי הרי נת"ל כי בכל בחי' ובחי' מכל עולם ועולם ובכל פרצוף יש בו י"ס לא פחות ולא יותר והם או"פ עשרה ומקיף עשרה. אמנם י' פנימים נכללין בה' לבד שהם כנגד הה' בחי' פרצופים שיש להם כנז' במ"א והם א"א ואו"א וזו"ן והם עצמן נקרא נרנח"י של כללות של כל עולם ועולם לבדו וכעד"ז במקיף שהם י' ונכללין בה')ב"א ובהם נכללין(כנ"ל. אמנם דע כי בכל האורות והעולמות והפרצופים שיש מן החוטם של א"ק ולמעלה בכל פרצוף יש תמיד כל הבחי' האלו שלימות שהם ה' או"פ הכלולים מי"ס פרטיות כנ"ל וה' מקיפים הכלולים מן י"ס פרטיות כנ"ל אך מפה דא"ק ולמטה ע"ס כל העולמות לא יש

רק ה' או"פ וב' מקיפים העליונים שהם כנגד יחידה וחיה ולא עוד כי האור נתמעט משם ולהלאה לכן בעולם)נ"א העקודים(הזה שהם אורות היוצאין מפה דא"ק ולחוץ לא היה בו רק ה' אורות פנימים וב' אורות מקיפין ואין עוד וזכור הקדמה זו.

והנה כאן בעולם העקודים היו זו"ן גדולים מאו"א כי זו"ן היו פב"פ ואו"א היו אב"א והענין כי הנה זו"ן השלימו כל צרכם הצריך להם שהם ה' או"פ וב' מקיפין קודם שחזרו לעלות במאצילם משא"כ באו"א כי עדיין לא היו שלימים לאבא לא היו רק ג' פנימים לבד ובלי שום מקיף ולאימא לא היה רק ארבע פנימים ובלי שום מקיף ועוד כי אפי' קודם שתחזור שום ספי' להתעלות במאצילה כבר היה מה שצריך להם אל זו"ן לצורך הזווג. והענין הוא כי כבר ידעת כי הזווג הוא נמשך מן המוחין שהוא מחכמה ולמטה וכבר היה לז"א בחינת חכמה שהוא חיה פנימית קודם שיתעלה כתר במאציל שהוא הראשון שחזר קודם כולם ואע"פ שהמלכות היתה גדולה ממנו שהיה לה יחידה פנימית אין בזה חשש משא"כ באבא שאן לו בחי' חיה אפי' אחר שמתעלה הכתר אל המאציל. וא"ת למה עלו זו"ן במאצילם אחר שכבר היו שלימים, והתשובה כי כל חיותם הוא מאו"א וכיון שנסתלקו או"א למעלה אין זו"ן רוצין להפרד מהם וחושקים להדבק ולהתקשר בהם ועולין אחריהן לקבל מהם וגם סבה אחרת כנ"ל כי עיקר חזרה הוא כדי לעשות בחי' כלים לכן גם הם עלו לסבה זאת.

פרק ג'

דרוש זה מקורו מספר אוצרות חיים וצריך לכתוב מ"ת בראש הדרוש.

פרק זה הוא המשך לפרק ב' שבספר אוצרות חיים, כאשר פרק ב' ופרק ג' הם פרק אחד באוצרות חיים. בספר ע"ח פרק ב' דאוצרות חיים מחולק לב' פרקים, ב' וג'. עוד צריך לדעת כי בכל דרושי עולם העקודים ודרושי מטי ולא מטי, המלכות דעולם העקודים היא **עטרת היסוד** דעקודים. עוד[16] **צריך לדעת** כי כל עולם העקודים הוא רק בחינת **כלי אחד, כלי הכתר**, שבוא מתלבשים עשרה אורות, ואפילו שהרב ז"ל מבאר שיש עשר כלים בעקודים, הכוונה שהיא עשר כלים הפרטים של הכתר דעקודים, **וזכור זה ואל תשכח**.

והנה נתבאר[17] השער תנת"א[18] שאי אפשר לדבר על בחינת שם ע"ב הכולל שהוא עסמ"ב דע"ב, שהם האורות דקרקפתא, ורק מבחינת ס"ג הכולל ולמטה אפשר לדרוש. שם ס"ג מתחלק לטנת"א, ובחינת הטעמים דס"ג, שהם ע"ב

16

ע"ח ש"ז פ"א מ"ק ד"ל ע"א – הנה קודם מציאות העקודים לא היה האור העליון יכול להתלבש בשום כלי, כי לא היה יכולת בכלים לסובלו, ושם היה האור בלתי מתלבש בכלי. עד שהגיע התפשטות האור הגדול ההוא אל בחינת העקודים. **ושם נעשה מציאות כלי אחד אל האור הגדול ההוא**, ואז התחיל האצילות להיות בו איזה מציאות הגבלת האור, מה שלא היה יכול להיות הדבר עד עתה. אמנם תחלה היה האור כולו של החלקים המגיעים לאצילות כולם, נעלמים תוך כלי אחד לבד, **ואותו הכלי היה בו בחינת כלי של כתר העליון**. אחר כך נתפשט האור יותר למטה מבחינה הנזכרת לכל, הנקרא עקודים, ואז נעשית עשר כלים, **אך כולם עדיין בסוד בחינת כלים דכתר.**

17

יפה שעה)ב(– והנה נתבאר ג' בחינות טעמים, ואמנם גם בחינת נקודות, תגין, ואותיות כלולים בהם, אלא שאינם נגלים כאן, עד למטה באורות העינים, עד כאן. לא הבנתי, לעניות דעתי התכללות זה מה מפרש בו. והלא ג' בחינות טעמים שהם ע"ב דס"ג כבר יצאו, ושוב מס"ג לא הוציא כלום, ואם כן מהו התכללות זה. ואפשר דהא קא משמע לן שלא נאמר שעד טיבור דא"ק, שעד שם הגיע התפשטות הטעמים התחתונים, שהם אורות הפה, שאין שם עוד שום אורות אחרים. קא משמע לן שאינו כן, רק כי יש שם כל האורות כולם, נקודות שהם ס"ג דס"ג, ותגין שהוא שם מ"ה החדש שיצא אחר כך, ואותיות שהוא שם ב"ן, כולם בצאתם עוברים כל עולם העקודים, ומתערבין עמהם, אלא שאינם חשובים בערכם, כמו שכתב רז"ל בשער הנקודים פ"ב. והנה כל האור הנמשך עד הטיבור, הכל הוא נבלע ונכלל בעקודים, ולכן אינו נזכר, אבל האור הנמשך תחת הטיבור עד הרגלים, הוא לבדו יע"ש.

18

בשם ע"ב הכולל, שהוא בחינת הטעמים. והם בחינת הקרקפתא והשערות דא"ק אין לנו רשות לדבר, רק משם ס"ג הכולל ולמטה. כאשר שם ס"ג בעצמו מתחלק לטנת"א. הטעמים דס"ג מתחלקים לג' בחינות, והם האורות היוצאים מאזן, חוטם, פה דא"ק. כאשר הטעמים שמעל האותיות, הנקראים ס"ג דע"ב דס"ג, הם האורות היוצאים מאזן דא"ק. והטעמים באמצע האותיות, הם מ"ה דע"ב דס"ג, והם האורות היוצאים מחוטם דא"ק. והטעמים שמתחת האותיות, הם ב"ן דע"ב דס"ג, והם האורות היוצאים מפה דא"ק.

תרשים ג – א.

ע"ח ש"ה פ"א מ"ת ד"כ ע"ג – והנה בחינת קרקפתא של זה הא"ק שהוא ראש עד בחינת מקום האזנים שלו נקרא בחינת שם ע"ב, והוא סוד הטעמים שבו כנ"ל. **עם היות שגם בבחינה זו לבדה כלולה טנת"א, אלא שאין לנו רשות לדבר בזה**. והנה אף על פי שאנו מכנים וקוראים כאן כנויים אלו, כגון אדם, ראש, אזנים, וכיוצא, אינו רק לשכך האזן לשיובנו הדברים, לכן אנו מכנים כנויים אלו במקום גבוה כזה, אמנם

19

דס"ג מתחלקים לג' **בחינות** של **הטעמים** האחד - טעמים שמעל האותיות, הנקראים ס"ג דע"ב דס"ג, והם אורות האזן. השני - טעמים באמצע האותיות, הנקראים מ"ה דע"ב דס"ג, והם אורות החוטם. השלישי - טעמים שמתחת לאותיות, הנקראים ב"ן דע"ב דס"ג, והם אורות הפה, [19]**אמנם**[20] **גם ג' בחינות** נת"א דס"ג שהם[21] **הנקודות, ותגין, ואותיות כלולים בהם** והם סמ"ב דס"ג[22] ר"ל באורות אח"פ[23], שהם סמ"ב

עיקר כנויים אלו הם מעולם האצילות ולמטה, שהוא מן א"א דאצילות ולמטה, כי משם ואילך יש בחינת פרצוף, אבל מא"א ולמעלה אין שם בחינת פרצוף כלל. רק לשכך האזן אנו מכנים כנויים אלו. והנה מבחינת האזנים ולמטה נתחיל לבאר בקיצור נמרץ, דע כי מהאזנים ולמטה מתחיל שם **ס"ג שבו**, וכבר נתבאר כי גם הוא כלול מטנת"א, ונודע כי לעולם הטעמים והנקודות נחלקים לג' חלקים, כי יש בחינת טעמים ונקודות למעלה על גבי האותיות, וכן יש למטה מן האותיות, וכן יש באמצעית האות.
19

איפה שלימה ד"ג ע"ב)י(– אמנם גם בחינת נת"א כלולים בהם וכו'. עיין להרב יפה שעה ז"ל באות ב', והביא דבריו הרב שפת אמת בדף ו' ע"ד, ד"ה והנה וכו', והקשה עליו ופירש פירוש אחר יעו"ש. ולדידיה נמי קשה, כי הכלי, והרשימו, ואור חוזר אשר היו בעולם העקודים נתגלו שם בעולם העקודים, ולפי פירושו איך יתיישב מה שכתב הרז"ל - אלא שאינם נגלים כאן עד למטה באורות העינים וכו'. ועוד אלו הנת"א של העקודים שהם הכלי, והרשימו, ואור חוזר לא נתגלו מטבור ולמטה עם אורות העינים. ומה שנתגלה עם אורות העינים הם נקודות דס"ג, שהיו תוך פנימיות הא"ק מטבור ולמטה, ויצא חיצוניותם עם חיצוניות הב"ן מהעינים, ונתגלו מטבור ולמטה. ואף על פי שיש לייישב קושייא זו במה שכתב הרז"ל בשער הנקודות, כי אורות העינים בעוברם דרך אח"פ היו שואבים הארה מאח"פ, ומאותה ההארה נעשו כלים ואורות הנקודים, מכל מקום קושיא הראשונה עדיין במקומה עומדת. והרב יוסף דעת ז"ל כתב בגליון ע"ח וז"ל - גם נת"א כלולים עמהם, כי הם מלובשים תוך מ"ה וב"ן מטבור א"ק, וכשעלו מ"ה וב"ן בסוד מ"ן לטעמים, עלו עמהם. וכשיצא הב"ן מהעינים, יצאו עמהם, כמו שכתוב בכללי השמ"ש ז"ל עד כן לשונו. ונראה לעניות דעתי לפרש על פי מה שכתב הרז"ל בכל מקום כי העליון כולל כל מה שתחתיו, אם כן אורות העקודים שהם טעמים דס"ג מוכרח להיות כלול בהם גם נת"א דס"ג, מטעם שהם למטה מהטעמים. אבל הנת"א דס"א עצמם הם מלובשים תוך מ"ה וב"ן שבפנימיות א"ק מטבורו ולמטה, ובצאת אור העינים, יצאו עמהם חלקי נת"א דס"ג, ונתגלו מבחוץ מטבור ולמטה. ועיין בשער השבירה פ"ו, שכתב שם וז"ל - והנה בשם ס"ג היותו כלול עסמ"ב, שהם טנת"א, וכולם נכללים בעשר ספירות העקודים, עיין שם, עד כן לשונו.
20

בית לחם יהודה ש"ו פ"ג – אמנם גם ג' בחינות הנקודות ותגין ואותיות כלולים בהם. פירוש גם נת"א דס"א עצמו כלולים עם אור האח"פ, כמבואר בשער השבירה פרק ו' וז"ל - והנה בשם ס"ג כבר נתבאר לעיל היותו כלול מעסמ"ב שהוא טנת"א, וכולם נכללים בעשר ספירות דעקודים, עיין שם. ואף על פי דבשער השבירה הנזכר אמר וכולם נכללים בעשר ספירות דעקודים וכו', לאו דווקא בעקודים לבד, אלא נכללים בכל האח"פ, כהוראות לשונו דהכא, וענין התכללות הנת"א באור אח"ף הוא כי בצאתם מעיני א"ק הם עוברים דרך אור האח"ף, ונכללים עמהם.
21

כרם שלמה, ש"ו פ"ג אות א' – ומה שכתוב אמנם גם ג' בחינות הנקודות וכו', פירוש הג' בחינות הכוללים שהם הנקודות הכוללים, ותגין הכוללים ואותיות הכוללים של א"ק כלולים בהם, פירוש באלו הטעמים. ובא לאפוקי שלא תטעה ותפרש מה שכתב – אומנם ג' בחינות הנקודות, פירושו **ג' בחינות אנקודות דוקא**, ר"ל ג' בחינות הפרטים של הנקודות, שהם גם כן בחינות כמו הטעמים, שהם נקודות עליונים, ונקודות אמצעיים, ונקודות תחתונים, אף על פי שבאמת כך הוא שהנקודות גם כן הם בחינות כמו הטעמים, אבל אין הרב ז"ל עכשיו נחית לזה, אלא דוקא כוונתו לומר שהג' **בחינות הכוללים** האחרים של א"ק הם גם כן כלולים בהבחינה העליונה שהיא הטעמים.
22

בכל כתבי הרב ז"ל מבואר שהאורות שיצאו דרך העינים הם ס"ג דס"ג, שהם נקודות דס"ג. ואין שום זכר לאורות מ"ה וב"ן דס"ג שיצאו דרך העינים. חוץ מפרק זה שהרב ז"ל רומז גם על יציאת אורות מ"ה וב"ן דס"ג שהם תגין ואותיות דרך העינים.

תרשים ג – ב.

ע"ח ש"ח פ"א מ"ת דל"ד ע"א - ונבאר עתה עולם הנקודים, **והם בחינת אורות היוצאין דרך נקבי עינים דא"ק.** והנה כבר ביארנו לעיל כי ד' בחינות יש, והם ד' הויו"ת ע"ב, ס"ג, מ"ה, ב"ן, ובכל בחינה מהם יש טנת"א. והנה המוחין של א"ק הם הוי"ה דע"ב. ומן בחינת האזנים ולמטה, עד תשלום כל סיום א"ק הוא בחינת ס"ג עד סיום הרגלים שלו. אמנם ענין זה היה בתחילה קודם מיתת מלכים בעולם הנקודים, ואחר כך היה בחינת מ"ה וב"ן, ממקום טיבור שלו עד למטה בסיום הרגלים, כמו שנבאר בע"ה. והנה כבר ביארנו כי בשם ס"ג יש טנת"א, והטעמים נחלקים לג' חלוקות, שהם אח"פ. **ואמנם הנקודות הם בחינת אורות הנמשכים מן העינים שלו.** והענין הוא כי הנה ההבל היוצא מנקבי אזנים הוא הבל מועט, כי אם יניח אדם אצבע על נקב האזן, ויסתום אותו בחוזק, ירגיש קול הברה בתוכו, וזה מחמת תנועת ההבל שבתוכו, שרוצה לצאת לחוץ ואינו יכול, אמנם בהסיר האצבע אינו נרגש. והנה מן ההבל הזה יצאו י' ספירות מבחינת האזנים, כמבואר למעלה. ואחר כך בחוטם יש הבל יותר מורגש, ויצאו בחינת י' ספירות של חוטם כנ"ל. ואחר כך בפה יש הבל יותר נרגש מכולם, לפי שכל מה שהאור יורד למטה, הוא ניכר ונרגש יותר, ומתגלה שם, ומשם יצאו העשר דעקודים, ואלו השלשה מקומות הם בחינת הטעמים דס"ג. ואחר כך מן העין יצאו **הנקודות דס"ג.** ולכן אין כל כך הבל בעין כמו בג' מקומות הנ"ל, כי אין דומה אור הנקודים הקטן כמו הטעמים, אבל עם כל זה מצינו קצת כח בהסתכלות העין, כנראה בחוש העין בטבע, כענין ביצת בת היענה שנולד האפרוח על ידי הסתכלותה, זמן מה בלתי שתשב על הבצים לחממם כמו שאר העופות, וזה יורה היות כח ממשית בהסתכלות העינים. והנה מבחינת הסתכלות הזה של העינים יצאו בחינת הנקודות....... והנה כבר נתבאר כי כל בחינות האלו הם בשם ס"ג, ושם זה רומז לבינה שהוא גבורה עלאה דבה תליין הדינין, לכן בזו הבחינה של ס"ג היה ענין ביטול המלכים. גם בפרטות ס"ג עצמו יש בו בחינת הטעמים, שגם הם נקראים ע"ב עם היותם בס"ג. **אבל הנקודות דס"ג הם עיקריות דס"ג עצמו, שהם ס"ג דס"ג, ושם היה ביטול ומיתה.** וזה שכתוב הכל ס"ג יחדיו, כי בשם ס"ג היה כל הביטול, וס"ג עצמו מורה על זה שהוא מלשון נסוגו אחור, שהוא ביטול המלכים.

23

אורות אח"פ, הם בחינת הטעמים דס"ג, כאשר אורות האזן מגיעים עד שיבולת הזקן, אורות החוטם עד החזה, ואורות הפה שהם עולם העקודים עד הטבור דא"ק, ממקום יציאתם של אורות אח"פ עד הטבור דא"ק, נמצא דיקנא דא"ק. אורות הנקראים נת"א, שהם בעצם סמ"ב דס"ג יוצאים **דרך העינים** דא"ק, ועוברים דרך אורות האח"פ, ומגיעים עד רגלי א"ק, בגלל שאורות הנת"א הם חלשים בערך אורות הטעמים, לכן אורות הנת"א נכללים באורות הטעמים עד הטבור דא"ק, ולא נראה כוחם כמו שלא נראה כוחו של הנר בצהרים. עם כל זה אורות אלו מתגלה כוחם מהטבור דא"ק ולמטה, מפני שאורות הטעמים מגיעים עד הטבור.

ע"ח ש"ט פ"ו מ"ב דמ"ה ע"ב – א"ק כולל ע"ב ס"ג מ"ה ב"ן בעצמותו, וכל אחד מאלו הד' נכללו מארבעתן, ויוצאין ממנו גם כן אורות לחוץ, שהם ענפיו. והע"ב הוא במוחין דיליה נגד א"א ואבא דאצילות, ולעילא מגלגלתא דיליה יש בו דוגמא בחינת עתיק דאצילות. וס"ג דיליה מאוזן ולמטה עד טבורו, והוא כנגד בינה דאצילות. ומ"ה וב"ן דיליה מטבורא ולמטה כנגד זו"ן דאצילות. והנה על דרך זה שבפנימיותו כן הוא באורות שיוצאין ממנו שהם ענפיו כנזכר, כי שערות ראשו כנגד ענפי ע"ב, **ושערות דיקנא הם מאח"פ כנגד ענפי ס"ג,** שבהם כלולים או"א, שבין שניהם לקחו בינה דמ"ה אחר התיקון, שהוא שם ס"ג הכולל שניהא, והם נכללות במזלא דדיקנא דא"א, **והבן זה מאוד** כי הן הוא כאן, ואז עדיין היה מתפשט ס"ג עד רגלי א"ק. ואחר כך כשרצה להוציא מ"ה וב"ן, שהם ענפי זו"ן, אז נזדווגו ע"ב ס"ג הפנימים שהם חו"ב ממש, ואז נברא העולם במידת הדין, ויצאה בת מתחלה, שהיא שם ב"ן בפנים דא"ק, ואחר כך יצאו ענפיו לחוץ **דרך העין מטבורו דא"ק ולמטה.**

גמרא חולין ד"ס ע"ב – מאי רבותיה דשרגא בטיהרא מאי אהני)מה יועיל נר בצהרים(.

21

דע"ב דס"ג, **אלא**[24] שׁאורות סמ"ב דס"ג **אינם נגלים** בכח **כלל כאן** בדיקנא דא"ק **עד**[25] שמגיע אורם **למטה** מתחת הטבור דא"ק, ונכללים אורות סמ"ב דס"ג **באורות** ב"ן דעסמ"ב דב"ן **היוצאים דרך העינים** דא"ק[26], שהם עולם הנקודים, ומתגלים למטה מהטבור[27], **כמו שנכתוב במקומו** בשער הנקודות **בע"ה.**

24

בית לחם יהודה ש"ו פ"ג – אלא שאינם נגלים כאן כלל. כי מגודל אורות האח"פ, מתבטל אור הנת"א דס"ג, כמו שמתבטל אור הירח באור השמש.

25

בית לחם יהודה ש"ו פ"ג – עד למטה באורות העינים. דס"ל הכא דעולם הנקודים הם נעשים מנת"א דס"ג, ולא מב"ן, כמו שכתוב בדברינו בריש פרק א' דנקודים, ולכן בצאת אורות הנת"א דס"ג מעיני א"ק, ועוברים מדרך עולמות אח"ף, הם נכללים ונבלעים באור אח"ף, ולא נגלה אור הנת"א דס"ג עד למטה בעולם הנקודים, שהם אורות העינים.

26

הרב ז"ל לא מדבר על אורות העינים, עצמות אורות העינים הם יותר גדולים מאורות אח"ף, והם ע"ב דע"ב דס"ג, לעומת אורות האח"ף שהם סמ"ב דע"ב דס"ג. מדובר כאן על האורות היוצאים **דרך העינים**, הנקראים סמ"ב דס"ג ועסמ"ב דב"ן, ולא על אורות העינים עצמם.

ע"ח ש"ח פ"א מ"ב דל"ה ע"ג - כי הלא בארנו במקום אחר ענין צמצום ב' של א"ק, כי כדי להאציל נקודים אלו הוצרך לצמצם אורות נה"י וחצי תפארת שלו למעלה, ושם פריס פריסה אחד במקום הטבור, ואותו אור שהיה שם תחלה **יצא דרך העינים**, ומשם יצא לחוץ וירד למטה כנגד נה"י של א"ק מבחוץ, ושם נתהוו הנקודים.

ע"ח ש"ח פ"ב מ"ת דל"ו ע"ב – ואז נמשך אור חדש מלמעלה מן הזווג הזה, ובוקע ויורד דרך הפרסה מהטבור ולמטה. אמנם האור הראשון שהיה בתחלה למטה ועלה למעלה שוב, לא ירד, ונשאר שם מהטבור ולמעלה ושם הניח שורשו תמיד, ומשם נתפשט ויצא דרך העינים, והם הנקודים, ונמשך ונתפשט בחוץ עד סיום רגליו דאדם קדמון כנ"ל. והנה כל האור הנמשך עד הטבור אפילו שהוא מבחינת העינים, **הכל הוא נבלע ונכלל בעקודים, ולכן אינו ניכר**, אבל האור הנמשך מתחת הטבור עד רגליו, זהו לבדו נקרא בשם נקודות, לפי שהוא עומד עתה לבדו.

ע"ח ש"ד פ"א די"ז ע"ג – ולפי שאין בראית עינים הבל היוצא אלא הסתכלות לבד, אינו נעשה אלא הכלים, **והסתכלות ההוא גדול מכל הג' הבלים** הנ"ל, כי הראייה היא י', שמיעה **ה'**, ריחא **ו'**, דיבור **ה'**. הרי ד' אותיות הוי"ה, שהם חבת"ם, שהם נר"ן [נ'א נרנ"ח], **הראייה היא חיה י'** של השם הנקרא חכמה, כי חכמה עליונה מאירה דרך עינים. **אלא שאם היה יוצא הבל ממש דרך העינים, לא היה אפשר למטה לקבלה.** לכן לא נמשך ממנו אלא הסתכלות לבד, והיה בו כח לעשות כלים לג' בחינת אלו. י' דנשמה בהבל אזן. י' דרוח בהבל חוטם, י' דנפש בהבל הפה.

חסדי דוד דמ"ט ע"ב אות ט' – א"ק יש בו עסמ"ב, והם טנת"א, וכל אחד כלול מכולם, עשר ספירות מ"ב דע"ב הם מתפשטים מראשו ועד רגליו, דהיינו ע"ב דע"ב עד האזן, ס"ג דע"ב מהאזן עד הטיבור, ומ"ה, וב"ן דע"ב מהטיבור עד רגליו. ועסמ"ב דס"ג מלבישים לסמ"ב דע"ב, דהיינו מהאזן ועד רגליו. ועסמ"ב דמ"ה וב"ן מלבישין לסמ"ב דס"ג ולמ"ה וב"ן דע"ב, דהיינו מאזן דס"ג, ומטיבור דע"ב, וזהו פנימיות דא"ק. וכולם הוציאו אורם לחוץ להלבישו, כי מע"ב דע"ב המגולה יצאו שערות הראש, שבהם תלויים כמה וכמה מיני עולמות הקודמים אל אבי"ע, ואין רשות לדבר בהם, אפילו בדרך משל, רק מהאזן ולמטה, וזה סוד לשכך את האזן, ואלו הלבישו מהקרקפתא עד האזנים דא"ק. ומע"ב דס"ג המגולה יצאו אורות אח"פ ושערות הזקן, והלבישו מהאזן עד הטיבור, וחיצוניות עסמ"ב דמ"ה וב"ן יצאו מהם נקודים וברודים **דרך עינים** ומצח דא"ק, והלבישו לא"ק מטיבור עד סוף רגליו, ועם חיצוניות עסמ"ב דב"ן יצאו חיצוניות עסמ"ב, שהם נקודין תגין אותיות דס"ג. ולכן נקרא נקודות, יען שורשו נקודות דס"ג הנקרא דנקודות, ולכן הנקודות נקרא פעמים ב"ן ופעמים

הרב ז"ל מבאר באופן יותר פרטי את יציאת אורות העקודים **ונתבאר יציאת אורות אלו הנקראים עקודים** והם האורות היוצאים דרך פה דא"ק, והם הטעמים התחתונים, ב"ן דע"ב דס"ג. **דע כי בעת שיצאו** אורות העקודים מפה דא"ק **לא** יצאו[28] האורות **שלימים** בכל בחינות הנרנח"י שלהם, אלא כל אחד ואחד מהם יצא רק מבחינת נפש[29] הפרטית שלו, וחסרים לכל אחד מהם את בחינת הרנח"י, **וכמו שנכתוב** בהמשך פרק זה **בע"ה. וטעם הדבר** שלא יצאו העקודים שלמים **הוא כי כוונת המאציל היה לעשות עתה** בעולם העקודים **התוזלת הויות הכלים**[30] כדי שכלים אלו יהיו שורש לכלים

ס"ג. ועם חיצוניות עסמ"ב דמ"ה יצאו חיצוניות סמ"ב דע"ב. וטעם קריאת המ"ה ברודים, יען ב"ן הכולל היא תולדות מלכות דא"ק, וממנו הז' מלכים דמיתו, ולכן שם ב"ן נקרא נקודות, כי נקודות היא במלכות, ושם מ"ה הכולל הוא תולדות הז' דא"ק, שהתחלתו מהיסוד הנקרא הדר, כי הוא סוד הדרת פנים זקן, דהסריס אין לו זקן, והוא מלך הדר המחייה את המלכים, וזהו ברודים כמו הדר.
חסדי דוד דמ"ט ע"ג אות י"א – וכלי אח"פ נעשו על ידי **הסתכלות העינים שהוא החיה** באורות אח"פ. **תרשים ג – ג.**
27

האורות היוצאים **דרך העינים דא"ק, הנקראים נקודים** עוברים דרך אורות האח"פ, לא ניכרים ולא עולים בשם, ומתגלים מהטבור דא"ק ולמטה. עם כל זאת כאשר עוברים אורות הנקודים דרך אורות אח"פ הם שואבים מאורות אח"פ אורות לצורך עשיית הכלים שלהם.
ע"ח ש"ח פ"ב מ"ת דל"ו ע"ב – אמנם האור הראשון שהיה בתחלה למטה, ועלה למעלה, שוב לא ירד ונשאר שם מהטבור ולמעלה, ושם הניח שורשו תמיד, ומשם נתפשט ויצא **דרך העינים והם הם הנקודים**, ונמשך ונתפשט בחוץ עד סיום רגליו דאדם קדמון כנ"ל. והנה כל האור הנמשך עד הטבור, אפילו שהוא מבחינת העינים, הכל הוא נבלע ונכלל בעקודים, ולכן איננו ניכר. אבל האור הנמשך מתחת הטבור עד רגליו, זהו לבדו נקרא בשם נקודות, לפי שהוא עומד עתה לבדו. וכן אותו אור שיורד דרך הפרסא מחדש על ידי זווג הנ"ל, גם הוא בוקע הגוף והכלי דאדם קדמון ויוצא לחוץ. ומאיר באלו הנקודים, הרי ב' מיני אור לצורך הנקודים. ועוד יש אור ג', והוא בהכרח כי כאשר יורד ומתפשט אור העין למטה דרך העקודים)נ"א ועוד אור ג' הוא לקח כי בהכרח כשירד אור העין הוא עובר דרך אזן חטם פה(, **הנה הוא מסתכל באורות אח"פ ההם, והוא שואב ולוקח מהם אור לצורך עשיית הכלים של הנקודות**, ולוקח נג' בחינות שהם אורות אח"פ. והענין הוא באופן זה כי הנה נתבאר שאורות האזן נתפשטו עד שבולת הזקן, ואורות חוטם ופה עוברים גם כן דרך שם, ואם כן **מוכרח הוא שכאשר נמשך אור העינים דא"ק דרך שם, יתערב עמהם ויקח אור שלהם.**
28

בית לחם יהודה ש"ו פ"ג – לא יצאו שלימים. אלא היו בבחינת נפש לבד.
29

כרם שלמה ש"ו פ"ג אות ג' – דע כי בעת שיצאו, לא יצאו שלמים, וכמו שנכתוב בע"ה. כמו שכתוב בפרקין, שלא יצאו אלא בבחינת נפש בלבד, ולא בבחינת כל החמש חלקים נרנח"י, וזהו חיסרון שלהם עכשיו.
30

אופן עשיית הכלים דעקודים נעשית במספר שלבים, ובמספר דרכים, והם:
א - בטישת והכאת אור פנימי באור מקיף זה בזה, פרק א' דשער העקודים.
ב - יצאו מחוץ לפה דא"ק וקנו עביות, פרק ג' דשער העקודים.
ג - חזרת האורות למאציל, ונתרחק האור ממקומו ג' ספירות שלימים, פרק ג' דשער מטי ולא מטי.
ד – נפילת הניצוצות מהכאת האור הבא בדרך אחוריים באור הרשימו, פרק ה' דשער העקודים.
ה - עליית כל עצמות האורות דעקודים לפה דא"ק, פרק א' דשער מטי ולא מטי.
ו - נשאר הכתר בתוך הפה דא"ק ולא יצא בפעם השניה מפה דא"ק, פרק ג' דשער העקודים.
ז - אור הפנימי דעקודים נכנס ויוצא מהכלים בסוד מטי ולא מטי, שער מטי ולא מטי.

בעולמות אבי"ע (נ"א בתזלה הויות הכלי), ומטרה העיקרית של הכלים היא כדי **להלביש** ולהגביל את **האור לצורך המקבלים** שהם העולמות התחתונים, כדי **שיוכלו לקבל** אותו, **ולכן בהיות שיצאו** אורות העקודים, יצאו **בלתי שלימים וגמורים** רק מבחינת נפש בלבד, וכדי שיהיו האורות שלמים בכל בחינות הנרנח"י **זזזרו לעלות לשורשן** בתוך פה דא"ק **להתתקן** [דכ"ה ע"ד 50] **ולהשתלם, ועל ידי כך** שחוזרים האורות לשורשם **נעשה כלי** אחד[31] בעולם העקודים, אשר בתוכו עשרה האורות שם שורשי הכלים שלהם, **כמו שנבאר.**

בתוך פה דא"ק יש בחינות של הבל ודיבור[32], שהם בחינת אורות וכלים, לבחינת האורות הרב ז"ל קורא בפרק זה **אור הזך**, ולבחינת הכלים הרב ז"ל קורא **האור העב** והגס. **והענין הוא כי בודאי שבזמן** שורש הכלים היה בכזז בתוך האור, **אף כי** הכלי עדיין **לא היה בפועל** ולא היה מתגלה עדיין בתוך האור, כי שורש הכלים **היה בבזמנת האור היותר עב וגס**[33], רק[34] שהיה

---

[31]

ע"ח ש"ז פ"א דל"א ע"א - וגם בארנו שזה התפשטות והסתלקות הב' נקרא מטי ולא מטי, ולכן נקרא הכלי ההוא עקודים, **לפי שהוא כלי אחד, והוא מקשר ועוקד עשר אורות בתוכו**. ובזה גם כן נתבאר איך הכלי נקרא כלי אחד לבדו, והאורות נקרא עשר, לפי שכשנסתלק האור)נ"א הסתלקות ההוא נעשה כלים כנ"ל(ואז נסתלק האור בבת אחת,(, ולכן הכל נקרא כלי אחד לבד ולא עשר כלים. מה שאין כן באורות שבתוכם, שכאשר יחזרו להתפשט התפשטות האמיתי, שהוא התפשטות הב' הנה אינו מתפשט בפעם אחת בתוך הכלי כמו שנסתלק, אלא נכנס ויוצא עשר יציאות, ועשר הכנסות, נכנס ויוצא עשר פעמים, אחד בכתר, ואחד בחכמה, וכן בכולם. **ולסיבה זו נקרא עשר אורות, אבל הכלי בבת אחת נעשה** על ידי הסתלקות הראשונה, שנסתלק בפעם אחת. ולכן יקרא כלי אחד.

[32]

ע"ח ש"ו פ"א מ"ת דכ"ד ע"ד - והנה מן הפה הזה יצאו עשר ספירות פנימים, ועשר מקיפים, ונמשכין מנגד הפנים עד נגד הטבור של זה הא"ק, וזה עיקר האורף אבל כן מאיר דרך צדדים לכל סביבות זה האדפף על דרך הנ"ל באורות אזן חוטם. והנה באזן וחוטם לא היה רק ב' בחינת של אור, והם פנימי ומקיף, אבל כאן בפה נכפלו הבחינת והיו ב' שהן ד', כי הנה הם היו **בחינת אורות וכלים**, והאורות נכפלו לב', בסוד פנימי ומקיף, והכלים גם כן פנימי וחיצון. ואלו ד' בחינות הם בחינת גילוי אותם ד' אלפין הנ"ל שהיו בחוטם, כי האור עבר ונמשך דרך פנימיות האדם הזה ויצא דרך הפה. והנה הב' אלפי"ן שציורם **יו"י** הם אור פנים ואור מקיף, והב' אלפי"ן שציורם **יו"ד** הם ב' בחינות הכלי פנימי וחיצוניות, ואלו הד' בחינות הם עצמן בחינת ב' אזנים, וב' נקבי החוטם שנתגלו כאן בפה, כי מן אזן ימין נמשך האור ויוצא דרך הפה בסוד אור מקיף, ומן החוטם ימין נמשך ויצא דרך הפה אור פנימי.)וב' אלפים שציורם יו"ד הם בחי' הכלי פנימי וחיצון(ומנקב חוטם שמאל נמשך ונעשה פנימיות הכלי, ומן אור אזן שמאל נמשך ונעשה חיצוניות הכלי, ואלו הד' בחינות נכנסו בפה, **כי הנה בפה יש בחינת הבל ובחינת דיבור, והנה ההבל הוא בחינת אור, והדבור הוא בחינת הכלי.**

[33]

האור העליון הנמשך מהא"ס הוא פשוט בתכלית, עם כל זאת האור עצמו מתחלק לבחינות של נרנח"י, כלומר לאור יש את בחינת הזכות שלו, שהיא בחינת היחידה, ויורד ממדרגה למדרגה עד בחינת הגשמיות שלו בערכו, אבל בערך מה שלמטה ממנו הוא בחינת רוחניות גמור. לפי זה בחינת הכלים דעקודים היתה בכח בבחינה הכי קטנה של האור דעקודים.

דעת ותבונה פ"ד – ואם תאמר מאחר דאור א"ס העליון הוא אור פשוט ושוה, איך אנחנו קוראים לזה האור המתפשט ממנו דרך הקו הנזכר בשם נרנח"י, שנמצא **לפי זה שיש חילוק מדרגות באור זה**, הנה התשובה לזה – דע כי מדרגות הנרנח"י שבאו בא"ק הנזכר מה על דרך זה, **דהיינו תחילה בא לו אור אחד מא"ס**

בו מחובר בעצם האור הזך **היטב, ולכן לא נגלה בזזוינתו** בפועל, **כי**[35] **(נ"א אבל) כאשר יצא האור** העקודים **דרך הפה ולחוץ** והגיע עד הטבור, **יצא הכל מעורב יחד** האורות הזכים עם שורש הכלים, **וכשיחזרו** האורות הזכים דעקודים **לעלות ולהשתלם** בתוך פה דא"ק **כנ"ל, או ודאי על ידי יציאת האור** חוזר לפה **התרחקו האורות משורשם, הנה אותו** שורש הכלים שהוא **האור** העב והגס, הכלול באור הזך דעקודים, שהוא עתיד להיות **בזזוינת הכלים** בפועל, **ושהוא** היותר **עב** וגס שבאורות, ביציאת האורות דעקודים מהפה לחוץ **קנה עתה** האור העבה **עביות יותר**[36], **ועל ידי כך לא יוכל לחזור** האור העב, שהוא שורש הכלים **גם הוא למקורו** בפה דא"ק **כבראשונה** כאשר חוזרים ועולים אורות הזכים להשתלם בשורשם, **ונתפשט** ר"ל נפשט ונפרד **האור הזך ממנו** ר"ל מהאור העב שהוא שורש הכלים, **ועלה** האור הזך **למקורו**

דרך הקו הנזכר וזה ראוי להקרא יחידה, שהוא עליון וסמוך אל מקורו. ואחר כך נתוסף לו עוד אור חדש מן א"ס דרך הקו הנזכר ודחה את הראשון למטה, ועל כן אור החדש הנוסף ראוי להקרא יחידה כי הוא עליון וסמוך אל מקורו, והאור הראשון יקרא חיה לפי שנתרחק ממקורו מדרגה אחת. ואחר כך נתוסף לו אור אחר מן אור א"ס העליון דרך הקו הנזכר והאור הב' נדחה למטה והאור הראשון נדחה יותר למטה, על כן אור הנוסף ראוי שיהיה נקרא יחידה שהוא עליון וסמוך אל מקורו, והב' יקרא חיה שנתרחק מדרגה, והאור שתחתיו יקרא נשמה, לפי שנתרחק ב' מדרגות. אחר כך נוסף לו עוד אור אחר דרך הקו הנזכר ועל ידי כך נדחה התחתון ג' מדרגות, ולכן ראוי להקרא רוח והעליון שנדחה ממנו שנדחה ב' מדרגות יקרא נשמה, והעליון ממנו שנדחה מדרגה אחת יקרא חיה, וזה האור הנוסף שהוא עליון וסמוך אל המקור יקרא יחידה. ואחר כך נוסף לו עוד אור אחד חמישי ואז יקרא באמת יחידה, כי הוא עליון וסמוך אל מקורו, והשני הסמוך לו יקרא חיה, והסמוך לו יקרא נשמה, והסמוך לו יקרא רוח, והסמוך לו שנתרחק ד' מדרגות יקרא נפש. הרי ידעת ענין הנרנח"י המתפשטים מן א"ס דרך הקו הנזכר אך יש בהם חילוק מדרגות שנקראים בחמישה שמות נרנח"י, ואף על פי שהם נמשכים מן מי האור העליון דא"ס, שהוא אור פשוט ושוה ואין בו עצמו חילוק מדרגות כלל ח"ו.

34

בית לחם יהודה ש"ו פ"ג — רק שהיה בו מחובר בעצם היטב. כדמיון הדונג בעודו מעורב בדבש הדבורים, וזה האור היותר עב, וגם הוא נתהווה מסיבת הכאת אור פנימי ואור מקיף דעקודים זה בזה, כמו שכתב בפרק א' דלעיל, מה שאין כן באורות האוזן והחוטם, שלא היה בהם הכאת אור פנימי ואור מקיף, משום הכי לא היה בהם אור גס ועב.

35

כרם שלמה ש"ו פ"ג אות ו' — כי כאשר יצא האור דרך הפה ולחוץ יצא הכל מעורב יחד. פירוש עדיין היה מעורב יחד, ולכן לא נתגלו בחינת הכלים. וזהו גרסת שער ההקדמות, וז"ל — אומנם היה מחובר בו בקשר אמיץ, ובצאת עשר ספירות דעקודים מפה דא"ק, יצאו בבחינת אורות זכים **וכח הכלים מחובר בהם** בבחינת האורות גסים ועבים מהם, ולא היו יכולים להתגלות ולהתגשם ולהצטייר וכו'.

36

ע"ח ש"ה פ"ב מ"ת דכ"ב ע"א — גם דע כי אותו האור היוצא מתוך א"ק הזה, הנה הוא כולו אור אחד שוה, **רק כי על ידי התרחקותו וירידתו הוא מתעבה עיבוי אחר עיבוי**. כיצד האור הנמשך ויוצא דרך האזן הוא זך מאד, וכאשר נמשך האור הזה בפנימיות הא"ק עד הגיעו אל החוטם, ויצא קצת דרך שם הוא מתעבה וקונה איזה עביות וגסות, ואף על פי שהוא)אורות ל"ג(אור אחד שוה, עם כל זאת מחמת הריחוק שנתרחק ונמשך יותר למטה, מתעבה יותר בצאתו משם. ועל דרך זה בהתפשטותו יותר למטה בצאתו עד הפה, ויוצא קצתו דרך שם, **מתעבה יותר בצאתו משם בהתרחקותו מהמקור העליון**, אבל לא לסיבת בחינת האור בעצמו כי כולו שוה כנ"ל.

ולשורשו בפה דא"ק **כנזכר לעיל. ואז** בגלל שהאור הזך נפרד מהאור העב והגס, **נתוסף**[37] **באור**
העב והגס שנשאר מחוץ לפה דא"ק **כנ"ל עביות יותר על עוביו** משני סיבות, האחת בגלל יציאתו
מפה דא"ק, והשניה סילוק ועליית האורות הזכים לשורשם, **ואז נגמר** האור העב והגס ונעשה כלי **ונשאר**
תמיד האור העב והגס **בבחינת כלי,** וזאת הסיבה השניה לעשיית כלים דעקודים, כי כבר הרב ז"ל ביאר כי
ביציאת האורות מפה דא"ק היה ביטוש בין האור המקיף לאור הפנימי של ספירה וספירה, ונעשו הכלים דעקודים[38]. ♦

37

הרב ז"ל מבאר לקמן בשער מטי ולא מטי, וכן בשער ההקדמות כי להתעבות והתגשמות הכלים היו מספר
שלבים, ולא כפשוטו כמו שמבואר בפרקין.
ע"ח ש"ז פ"ג מ"ק דל"ב ע"ב – והענין הוא כי ראוי שתדע שכאשר היה ההסתלקות הראשונה לעשות כלי,
לא היה החלק ההוא נעשה כלי, ונגמר להקרא כלי עד התרחק ממנו האור ג' מקומות. פירוש, כי האור היה
מתחיל להסתלק מחלק אשר כאחר כך יקרא מלכות, ואז היה מתחיל להתחשך, ואחר שהיה מסתלק האור מן
הכלי אשר אחר כך יקרא בשם כלי יסוד, אז היה החלק הראשון מחשיך יותר, עד שנמצא שכאשר היה האור
הנוגע אל המלכות רחוק ממנו ג' מקומות שלימות, שהוא כאשר נתעלה בחלק הנוגע אל התפארת, אז נגמר
הכלי דמלכות להעשות כלי, כי כל פחות מג' כלבוד דמי. עד שנמצא כי בהתרחק האור מהחסד אל)נ"ל על(
הכתר, שהם ג' מרחקים, אז נגמר הכלי של חסד לעשות כלי של חסד. נמצא כי הכח"ב)נ"א החו"ב(עדיין לא
נעשו כלים, לפי שעדיין לא נתרחק האור מהם ג' מדריגות שלמות, וכל פחות מג' כלבוד דמי, ולא היה עדיין
נעשה כלי גמור בכל אחד מאלו הג"ר.
שער ההקדמות, דרוש ב' בעולם העקודים די"ד ע"ג – ודע, כי כל הכלים האלו לא נתעבו ונתהוו כלים,
אלא אחר הסתלקות אור המלכות. אשר אז הופך פניו מן הכלי, לפי שאף על פי שאור העליון שייך כלי
הכתר נסתלק מתוכו ועלה אל המאציל, כיון שעלה במקומו אור החכמה, אין כלי הכתר מתעבה ונגשם. וכן על
דרך זה בשאר האורות. ונמצא כי כיון שנתבאר למעלה בדרוש הקודם לזה, **כי אור הכתר של העקודים**
מסתלק ראשון מכולם, ואור המלכות מסתלק אחרון מכולם, נמצא כי אין מתחיל להיות נעשה **בחינת כלי**
אלא מלמטה למעלה, וכלי המלכות קודם ליעשות תחלת כולם, לפי שכיון שאור המלכות מסתלק באחרונה,
הנה בהיותם מסתלקת מתוך הכלי שלה של עצמה, אין הכלי מתעבה כנזכר לעיל, עד שיגמר הסתלקותה לגמרי
מכל הכלי שלה, ואז התשעה כלים העליונים עדיין יש בהם אור, אף על פי שאין לשום אחד מהם בחינת חלק
האור המגיע לחלקו ממש כנזכר, ולכן אינם מתעבים ונגשמים. אבל כלי המלכות שנתרוקנה מן האור שלה
לגמרי, וגם אין אור אחר למטה ממנה שיעלה בתוכה, לכן היא מתעבת ונעשה כלי. אבל אינה מתעבת לגמרי,
עד שיתרחק האור ממנה לגמרי ג' מדרגות, ונמצא כי אחר הסתלקות האור ממנה לבדה לגמרי, אז נחשך הכלי
הזה של המלכות ומתחיל להתעבות קצת, וכשנסתלק האור שלה גם מכלי היסוד לגמרי, אז כלי היסוד נחשך
ומתחיל להתעבות קצת, וכלי המלכות נחשך ומתעבה ביותר מבראשונה. וכשנסתלק האור שלה לגמרי, גם מן
כלי ההוד, אז כלי ההוד מתחיל להתעבות קצת, וכלי היסוד נתעבה יותר מבראשונה, וכלי המלכות נגמר
להתעבות, ונעשה כלי גמור. וכשנסתלק אור המלכות מכלי הנצח לגמרי, אז כלי הנצח מתחיל להתעבות, וכלי
ההוד מתעבה יותר מבראשונה, וכלי היסוד נגמר להתעבות ונעשה כלי גמור. ועל דרך זה נמשך, עד שנמצא כי
כשנסתלק אור המלכות לגמרי מתוך הכלי הכתר, התחיל כלי הכתר להתעבות, וכלי החכמה נתעבה מעט יותר
וכו', ואז נגמר כלי החסד להתעבות, ונעשה כלי גמור. וטעם הדבר יובן עם הנזכר **כי כל פחות משלשה**
כלבוד דמי, ולכן אחר שנתרחק האור ג' מדרגות שלימות, אז נחשך הכלי לגמרי, ונגמרה עשייתו.

38

עשיית הכלים דעולם העקודים היא מלאכה מורכבת, ונעשת במספר שלבים, כאן הרב כותב כי הכלים נעשו על
ידי התרחקות האור משורשו, ואחר כך הסתלקות האור מהאור העב, ועל ידי כך נעשה כלי. בפרק א'
דשער זה הרב כותב כי ביטוש אור המקיף באור הפנימי הוא שגרם לעשיית הכלים. בע"ה נראה כי כל הבחינות
מתחברות יחד למערכת אחת של עשיית הכלים דעקודים.
תרשים ג – ד.

הרב ז"ל יבאר בהמשך הדרושים את דרך יציאת אורות דעקודים, חזרתם לשורשם, ויציאתם שלמים מפה דא"ק. צריך לדעת כי כאשר יצאו האורות יצאה ספירת[39] המלכות ראשונה, בסוד[40] בת תחילה סימן יפה לבנים, ואחרי ספירת המלכות יצאה ספירת[41] היסוד, וכן כך יצאו כל שאר הספירות[42] את אחר השניה, עד שיצאה ספירת[43] הכתר אחרונה. כשחזרו האורות לשורשם, חזר אור[44] הכתר תחילה למאציל שהוא פה דא"ק[45], ואחר כך אור[46] החכמה, וכן על דרך זה עלו כל שאר האורות[47], והאחרון שחזר לפה דא"ק הוא אור[48] המלכות, בסוד[49] נכנס אחרון יוצא ראשון. כאן הרב ז"ל מדלג על כל השלבים, ומבאר שאלה שיכולה לעלות והיא - **אם תאמר כאשר** בפעם השניה **יֵזֹזֹזֹור הָאֹור הֹזֹך** שעלה לפה דא"ק להשתלם **לירד ולהתפשֹט** בתוך ה**כלי** שנעשה על ידי סילוק האור הזך

ע"ח ש"ו פ"א מ"ת דכ"ד ע"ג – והנה בהתחברות האורות פנימים עם האורות מקיפים, מחוברים תוך הפה, לכן בצאתם יחד חוץ לפה קשורים יחד, הם **מכים זה בזה ומבטשים זה בזה**, ומהכאת שלהם **אתיילֵיד הֹויות בחינת כלים**. לכן נקרא המקום הזה פה, כי פה גימטריא ס"ג וכ"ב אתוון. והנה בחינת אותיות הם הכלים כנודע, לכן נרמז בפה שם ס"ג ועוד כ"ב אותיות, לרמוז על מה שנבאר שנתחדש במקום הזה ענין גילוי הויות הכלים, שנתגלה בכאן על ידי הכ"ב אותיות.

[39]

תרשים ג – ה.

[40]

גמרא בבא בתרא דקמ"א ע"א – דאמר רב חסדא, בת תחילה סימן טוב לבנים.

[41]

תרשים ג – ו.

[42]

תרשים ג - ז

[43]

תרשים ג – ח.

[44]

תרשים ג – ט.

[45]

כלל – כל בחינה עליונה הקראת מאציל בערך הבחינה התחתונה.
ע"ח ש"ו פ"ו מ"ב דכ"ח ע"ד – וכן על דרך זה עד תשלום חזרת כל י' אורות בשרשם, שהוא הנמאציל והוא)נ"א והנה(בחינת הפה דא"ק, כמו שביארנו כי הוא)ענין(השורש שלהם.
ע"ח ח"ב שמ"ב פ"א מ"ב דפ"ט ע"ג – ודע כי על דרך זה הוא בכל העשר ספירות שבכל עולם ועולם. וכן בפרטות בכל פרצוף ופרצוף. כי לעולם כל בחינה ובחינה נקרא עליונה מאציל, ותחתונה נאצל.
כרם שלמה ש"ו פ"ו אות י"ז – וכדי שלא תטעה שהמאציל המוזכר כאן הוא המאציל העליון שהוא הא"ס, לזה הוצרך לפרש כאן, המאציל שהוא הפה דא"ק, שהוא האציל לאלו העשרה ספירות דעולם העקודים, שהם מן הפה ועד הטבור. כמו שכתוב בשער ההקדמות דט"ז ע"א וז"ל - ונמצא כי העשרה שורשים הנזכרים, שהם בפה דא"ק, בחינת המלכות שבהם היא אשר האצילה אלו העשר ספירות הנקרא עקודים, והיא נקראת מאציל אליהם, עד כאן לשונו. וזה מה שכתב כאן, כי הוא השורש שלהם.

[46]

תרשים ג – י.

[47]

תרשים ג – י"א.

[48]

תרשים ג – י"ב.

[49]

אור החיים, בראשית ל"ח כ"ט – מה פרצת וגו'....פירוש כי הנותן יד יגיד כי הוא בא עליו בהזרעה, **כי הנכנס אחרון בזרע יוצא ראשון**...

לשורשו, **יזזוֹר ויֹזֹדכך הכלי** שנעשה מהאור העב והגס **כבראשׁוֹנה** על ידי האור הזך שהשתלם יותר ביציאתו בפעם השניה, כי בפעם הראשונה יצא הכלי בבחינת נפש בלבד, וביציאתו השניה מפה הוא שלם בכל בחינות הנרנח"י, **ולמה לא יֹתבֹטֹל** הכלי שנעשה מהאור העב והגס **מלהיות בזֹינֹת כלֹי** על ידי חזרת האור הזך בתוכו **(נ"א ויֹתבטלוֹ מלֹהֹיֹוֹת בזֹוֹינֹת כלֹים), התשׁוּבה בֹזֹה הוֹא כמו שׁכֹתוב במקום אזֹוֹר**[50], **כי** שׁעלה האור הזך דֹעֹשֹׁר הספירות שיֹצאו מפֹה דא"ק בחזרה תוך הפה דא"ק להשתלם **לא זזֹוֹרוֹ כֹל האוֹרוֹת** של עֹשֹׁר הספירות שֹׁנֹתֹעלוֹ לֹמקוֹרֹם בפה דא"ק, **לחזוֹר ולֹיֹרֹד כולֹם** להתלבש כל אור בכלי שלו. **אמנם** אור הספירות של **הֹתשׁע תזֹותונֹים** שהם חו"ב, חג"ת נהי"ם **לבֹדֹם ירדֹו** בחזרה מפֹה דא"ק, ואור הספירה **העלֹיֹוֹנֹה**[51] **שׁהֹוֹא** צ"ל שׁהיא ספירת **הכתר נֹשֹׁארֹה תמֹיֹד עֹם** ר"ל תוך פה דא"ק **הֹ**נקרא **מאצֹיֹל**[52] בערך לעולמות שֹׁלֹמֹטה ממנו, כדי שׁהכתר יהיה בֹחינת ממוצע בין המאציל לנאצֹל[53].

50

מבוא שערים ד"ב ע"א – אך קשה, אם כן על מה זה נסתלק הא"ס לגמרי, וצימצם עצמו לעשות אותו המקום כולו פנוי לגמרי, בלתי קו כלל, והיה די שיניח אותו הבחינה של אותו הקו הפנימי העתידה לחזור ולהמשיך בתוכו ולא תסתלק משם, ומה שבין הב' האורות לבד שם היה לצמצם עצמו, להאציל שם העולמות, ולמה הוצרך הא"ס להסתלק לגמרי, ואחר כך לחזור ולהתלבש בפנים דרך הקו הנזכר. והתשובה בזה מבוארת כי הנה הטעם הצימצום היתה כדי להסתלק משם מן המקום ההוא הראוי להיות שם אור הא"ס, **ועל ידי כך יוכלו הכלים של הא"ק להצטייר שם** כנ"ל פרק א', כי אם היות שאין בחינת הכלים נזכר עד אצילות וכו', עם כל זה שרשי הכלים ברשימו והעלם מתחילין מכאן, דאם לא כן במה יפרד א"ק מהא"ס הזה, ובהכרח שמא"ק ואילך התחילו העולמות להתברר, כי זה היה כוונת האצילות כנזכר, ולכן כיון שכוונת המאציל היה להתחיל מכאן התחלת הכלים בהעלם נמרץ, לכן סילק כל האור למעלה, כי הנה הסיבה שאין הדינים והכלים נגלים בא"ס, הטעם הוא כי רוב האור ההוא מבטל, ואם כן אם הא"ס היה נשאר שם בסוד אור פנימי, ואור מסבב, לא היו הכלים מתהווים בנתיים, והיו מתבטלין מרוב הארה. **אמנם אחר כך שכבר נתהוו הכלים ונצטיירו**, אז אף אם יחזור הא"ס דרך הקו ההוא, לא יתבטלו, **כיון שכבר נתגשמו והקדישו, וגם כי לא היה חוזר האור למקומו ממש כבתחלה**, אלא באמצע דרך הקו הנ"ל.

51

הגהות וביאורים (ד) – רמ"ז, כל מציאות כתר שנזכר אינו בכלל העולם ההוא, רק מעולם העליון, וכן בפרצופים, שכתר דז"א מתפארת דאימא. ואפשר גם כאן חזר הכתר אל המאציל, ונשאר שם תמיד, כי הוא שורשו, ולא מן האורות שיצאו, עד כאן לשונו.

52

כרם שלמה ש"ו פ"ו אות י' – ועוד ידוע כי כל עליון נקרא מאציל לתחתון, כי הוא המתקנו, ומשפיע לו שפע הצריך לו.
כלל – כל עליון נקרא מאציל לתחתון.

53

כרם שלמה ש"ו פ"ג אות ח' – פירוש כי לקמן בפרקין, וכן עוד בשאר הפרקין דלקמן, כתב כי כשעלו אלו העשר אורות דעולם העקודים לשורשם לתוך הפה של א"ק כדי להשתלם ולקנות בחינת רוח, וכן שאר המדרגות של הנרנח"י, אז ספירת הכתר שעלה בתחילת כולם נשאר דבוק למעלה בתוך הפה של א"ק, ולא חזר האור של הכתר לירד עוד, והטעם שנשאר שם כדי לקבל שפע מלמעלה, ויחזור להשפיע שפע וחיות לשאר הספירות, והוא נעשה **בחינת אמצעי** בינהם.

וּבָזֶה נִמְצָא שֶׁאוֹר ספירת הֶחָכְמָה הוּא שֶׁחוֹזֵר לְהִתְלַבֵּשׁ בִּכְלִי הַכֶּתֶר מפני שכלי הכתר גדול לאין שיעור מאור החכמה, יכול כלי הכתר לסבול ולהלביש את אור החכמה, ולא להזדכך מאור החכמה, וכן אור הבינה התלבש בכלי החכמה, ואור החסד בכלי הבינה, **וְכֵן כָּל שְׁאָר הַסְּפִירוֹת**[54], ובגלל שיצאו בחזרה רק האורות של תשעה ספירות תחתונות שנעשו מהאור העב והגס **יְכוֹלִין הַכֵּלִים לְקַבֵּל** את **הָאוֹר** החוזר בהתפשטות השניה, שהוא אור **הַמְבוּעָט מִמֶנּוּ עַתָּה, מִבַּמֶּה שֶׁהָיָה לָהֶם בַּתְּחִלָּה.** וישארו כלים ולא יזדכו מהאור המתפשט בפעם השניה מפה דא"ק.•

וְהִנֵּה[55] **דַּע כִּי** כל עשר ספירות דעולם העקודים **כּוּלָם יָצְאוּ** בפעם הראשונה **בִּבְחִינַת נֶפֶשׁ לְבַד, וְזֶה סוֹד הַפָּסוּק**[56] **נִשְׁבַּע הוי"ה בְּנַפְשׁוֹ, כִּי**[57] עולם **הָאֲצִילוּת** לפני התיקון הָיָה

54

אורות עשר הספירות שיצאו מפה דא"ק, חזרו לשורשם להשתלם. כאשר חזרו לצאת בפעם השניה, לא יצאו כל האורות דעשר הספירות, אור הכתר נשאר בפה דא"ק, ויצאו ט' הספירות התחתונו, שהם חו"ב, חג"ת נהי"ם. כאשר אור החכמה התלבש בכלי הכתר, אור הבינה בכלי החכמה, אור החסד בכלי הבינה, אור הגבורה בכלי החסד, אור התפארת בכלי הגבורה, אור הנצח בכלי התפארת, אור ההוד בכלי הנצח, אור היסוד בכלי ההוד, אור המלכות בכלי היסוד, וכלי המלכות נשאר בלי אור בתוכו, ומקבל הארה מכלי היסוד.

תרשים ג – י"ג.

ע"ח ש"ו פ"ה מ"ת דכ"ז ע"ב – ונתחיל לפרש הענין, הנה אור המלכות לא השאיר רשימו, וכל בחינה נסתלקה כולה ועלתה, וזה הטעם שנקראת מלכות **אספקלריא שאינה מאירה דלית לה מגרמה כלום** כי לא השאיר בה שום רושם, אך מן הרשימו שנשאר ביסוד לבדו מאיר גם כן אליה. עוד יש טעם אחר אל הנזכר, והוא מה שיתבאר לעיל כי כאשר חזרו האורות לירד, נשאר כתר דבוק במאציל ולא ירד כלל, נמצא שחכמה חזרה למקום הכתר כו', ומלכות במקום היסוד, ונשאר כלי של המלכות בלתי אור כלל, ולכן נקרא כלי של מלכות אספקלריא דלא נהרא. וכבר נתבאר זה במקום אחר באורך בדרוש עקודים, והנה כשעלתה המלכות במקום היסוד, הלא **היסוד היה מאיר בה בדרך אחור** כנ"ל.

55

יפה שעה)ג(– והנה כולם יצאו מבחינת נפש, וזה סוד פסוק נשבע הוי"ה בנפשו, כי עולם הנקודים שהוא הוי"ה, נשבע במי שגדול ממנו, והוא עולם העקודים, אשר כולם צאו מבחינת נפש לבד. ואם תאמר והלא מה שלא היה להם זולת בחינת נפש. היה לפי שעה, שכך עלה רצונו יתברך שמתחלה יצאו חסרים, כדי שיחזרו כולם במאצילם להשתלם, ועל ידי כן יתהווה הוית הכלי, כמו שכתב רז"ל. ואחר שחזרו במאצילם כבר נשלמו, ואפילו קודם שחזרו כבר היו זו"ן של עקודים שלמים בנרנח"י שלהם, וזו"ן של עקודים ודאי שהם גדולים מכל עולם האצילות. וכבר הם שלמים, והיאך נשבע בנפשו. ועוד שבודאי קודם שיצא עולם האצילות. כבר נתקן עולם העקודים כל שכן וקל וחומר עתה בזמן הזה, בזמן קיום כל העולמות, ואם כן לא נפש בלבד היא דאיכא, והכתוב מדבר בזמן הזה, בזמן קיום העולמות. ואפשר לומר שנשבע בעיקר ושורש. כי כל שאר הבחינות שבהם קיימי בבחינת מטי ולא מטי, נכנס ויוצא, כמו שאמרו רז"ל לקמן.)וז"ל הרב שמן ששון, פסוק זה הוא בעמוס סימן ו' ועיין שם, שהיה מתנבא בפורעניות של ישראל, וגם על חורבן בית המקדש בעוונותינו הרבים, ונודע דעל ידי העוונות התחתונים מסתלקים המוחין מזו"ן כו', ולא בזו"ן בלבד כביכול מגיע הפגם, אלא בכל העולמות העליונים, אפילו באורות עקודים מגיע הפגם כו', וידוע **כי כל פרצופי העולמות הם זו"ן** למה שלמעלה מהם, **דאפילו הא"ק נקרא זו"ן למה שלמעלה ממנו**, כנזכר בשער ההקדמות, והובא בהקדמת נהר שלום דף צ"ז ע"ב)בדפוס זה דף ג ע"ב[. ועיין שער סדר אצילות פרק ג' ובכל מקום. ואם כן הפגם מגיע ח"ו מא"ק על סוף עולם העשיה. וזהו מה שדיבר הנביא נשבע הוי"ה בנפשו, במי שגדול ממנו, והוא. עולם עקודים, אשר היה אז כמו העת שיצאו בבחינת נפש לבד, מעון פגם התחתונים. והוצרכתי לכל זה יען שראית להרב יפה שעה, ובספר אור זרוע, וז"ל - קשה איך נשבע הנקודים עתה בעקודים שהוא הנפש,

נִקְרָא עולם הַנְּקוּדִים כמו שֶׁנִּבְאֵר בשער ח' דע"ה, וְהוּא ר"ל עולם הנקודים הַנִּקְרָא הוי"ה העומד מהטבור דא"ק ולמטה, הוא זה שֶׁנִּשְׁבַּע בְּמִי שֶׁגָּדוֹל מִמֶּנּוּ, והעולם הגדול ממנו הוּא עוֹלָם הָעֲקוּדִים העומד מפה דא"ק עד טבורו, ועולם העקודים עומד מעל עולם הנקודים,]דכ"ו ע"א 51[אֲשֶׁר יָצְאוּ האורות דעולם העקודים בִּבְחִינַת נֶפֶשׁ לְבַד[58]. [59]וּבָזֶה[60] תַּעֲמִיק ותתבונן ותראה

והרי עתה אחרי צאתם שנית כולם שלמים בנרנח"י, ואפשר דבתר מעיקרא אזלינן, אם כן נשבע בכתר שאינו אלא בחינת נפש אפילו אחר כך יעו"ש. ולעניות דעתי כמו שכתב דחזרו אז כולם בסוד נקודות, ובזה היה השבועה, ודוק ופשוט, עד כאן לשונו(.

56

בכל התנ"ך אין שום פסוק או חלק מפסוק שכתוב בו - **נִשְׁבַּע הוי"ה בְּנַפְשׁוֹ**, יש בספר ירמיהו **נִשְׁבַּע הוי"ה צְבָאוֹ"ת בְּנַפְשׁוֹ**. ובספר עמוס **נִשְׁבַּע יְהוֹ"ה אֲדנָ"י בְּנַפְשׁוֹ**,)כאשר שם הוי"ה מנוקד בניקוד אלהי"ם כזה יָהֹוָ"ה, הוא נקרא אלהי"ם(. לפי הבית לחם יהודה נראה שהפסוק מספר עמוס שהיה בנוקדים, הרומז לעולם הנקודים שייך לסוגיא זאת, אפילו שכתיב שם הוי"ה, אבל הוא נקרא אלהי"ם. באמת אין גילוי בכל דברי הרב ז"ל באיזה פסוק נרמזת הסוגיא כאן.

ירמיהו ס"ב ח' – נשבע הוי"ה צבאו"ת בנפשו כי אם מלאתיך אדם כילק וענו עליך הידד.

עמוס ו' ח' – נשבע אדנ"י הוי"ה בנפשו נאום הוי"ה אלה"י צבאו"ת מתאב אנכי את גאון יעקב וארמנתיו שנאתי והסגרתי עיר ומלאה.

עמוס א' א' – דברי עמוס אשר היה בנקדים מתקוע אשר חזה על ישראל בימי עזיה מלך יהודה ובימי ירבעם בן יואש מלך ישראל שנתים לפני הרעש.

57

בית לחם יהודה ש"ו פ"ג – כי האצילות הנקראת נקודים. מה שהוצרך לומר הנקראת נקודים, לפי שפסוק זה הוא בעמוס סימן ו', **ועמוס הוא היה בנוקדי"ם מתקוע**. ועיין להרב יפה שעה שהקשה, כי הנה מה שלא היה להם רק בחינת נפש בלבד, זה לא היה אלא לפי שעה, כדי שעל ידי כך יחזרו במאצילם וישתלם הוית הכלים, אבל אחר שחזרו ונשתלמו, ונברא עולם האצילות, היאך שייך עוד לומר נשבע הוי"ה בנפשו, יעו"ש. וכך כתב בשמן ששון אות ד' משם אור זרוע, ועוד תרץ אור זרוע אי נמי נשבע בכתר דעקודים, שאינו כי אם בחינת נפש בלבד, יעו"ש. ונראה לעניות דעתי לתרץ בפשיטות כי רצה להשבע שבועה חמורה, בכל העשר ספירות דעקודים, ולא במקצתן בלבד, וזה לא שייך אלא בבחינת הנפש שלהם, כי לכולם יש בחינת נפש, מה שאין כן יש ישבע חי אני נאם הוי"ה, שהוא לשון חיה, לא תהיה השבועה בכל העשר ספירות, כי אין לחכמה וכתר בחינת חיה, אפילו חיה פנימית.

58

כאשר אדם נשבע, הוא נשבע בדבר שהוא יקר לו, וייותר חשוב ממנו. כמו בבית דין שאדם נשבע בספר תורה, לכן עולם הנקודים הנקרא הוי"ה נשבע בעולם היותר חשוב ממנו, שהוא עולם העקודים, כאשר האורות דעולם העקודים הם רק בחינת נפש, או לפי הרב ש"ש מדובר בעולם הנקודים הנשבע בכתר דעקודים, שהוא בחינת נפש. יש מקרה אחד בתורה שהנשבע נשבע בלא בדבר חשוב בערכו, והוא יוסף שנשבע בחיי פרעה.

תרשים ג – י"ד.

שמן ששון ש"ו פ"ג די"ג ע"א אות ד' – יען שראיתי להרב יפה שעה ד"ה ע"א, ובספר אור זרוע וז"ל - איך נשבע הנקודים עתה בעקודים שהם הנפש, והרי עתה אחרי צאתם שנית כולם שלמים בנרנח"י. ואפשר דבתר מעיקרא אזלינן, אי נמי **נשבע בכתר שאינו אלא בחינת נפש.**

בראשית מ"ב ט"ו – **חי פרעה** אם תצאו מזה כי אם בבוא אחיכם הקטן הנה.

בראשית מ"ב ט"ז – שלחו לכם אחד ויקח את אחיכם ואתם האסרו ויבחנו דבריכם האמת אתכם ואם לא **חי פרעה** כי מרגלים אתם.

59

יפה שעה)א(– ומזה תעמיק ותראה כמה עמקו מחשבותיו יתברך, כי אפילו עולם העליון של עקודים, אינה רק בחינת נפש לבד כו'. לא ידעתי מה מלמדנו, והלא בחינת נפש של עליון גדול מאד מאד מכל בחינות

כַּמָּה[61] **עָמְקוּ מַחְשְׁבוֹתָיו יִתְבָּרֵךְ, כִּי אֲפִילוּ עוֹלָם הָעֶלְיוֹן שֶׁל הָעֲקֻדִים** שֶׁהוּא גָּדוֹל לְאֵין עֵרֶךְ מֵעוֹלַם הָאֲצִילוּת, **אֵינוֹ רַק בִּבְחִינַת נֶפֶשׁ לְבַד** וְהוּא מְחֻסַּר הַשְּׁלֵמוּת בְּעֵרֶךְ הָעוֹלָמוֹת שֶׁלְּמַעְלָה מִמֶּנּוּ, **אָז מַה נַּגִּיד אֲנַחְנוּ.**

עוֹד פְּרָט חָשׁוּב בְּעוֹלַם הָעֲקֻדִים לְעֻמַּת עוֹלַם הַנְּקֻדִים, **וְהִנֵּה כָּל** אוֹרוֹת **הָעֶשֶׂר סְפִירוֹת** דַּעֲקֻדִים **יָצְאוּ** מִפֶּה דָא"ק, **אֲבָל לֹא יָצְאוּ יַחַד כּוּלָם** אֶלָּא כָּל סְפִירָה יָצְאָה בִּפְנֵי עַצְמָהּ, **רַק תְּחִלָּה יָצְאָה בִּבְחִינַת הַמַּלְכוּת** אוֹר סְפִירַת הַ**מַּלְכוּת** מִפֶּה דָא"ק, וְהִיא הַמַּלְכוּת **מֵעוֹלַם הָעֲקֻדִים** שֶׁהִיא אוֹר דְּנֶפֶשׁ דְּמַלְכוּת דַּעֲקֻדִים, וְאַחֲרָיו אוֹר נֶפֶשׁ דִּיסוֹד וְכוּ', וּבַסּוֹף יָצָא אוֹר דְּנֶפֶשׁ דְּכֶתֶר דַּעֲקֻדִים, וְזֶה **הִיפֶּךְ**[62] מְצִיאַת הָאוֹרוֹת

דִּנְרַנְח"י שָׁלֵם דְּעוֹלָם שֶׁתַּחְתָּיו, וְאֵין צָרִיךְ לֵאמֹר מֵעוֹלָמוֹת אֲחֵרִים שֶׁלְּמַטָּה מִמֶּנּוּ. וּמַלְכוּת דְּעוֹלַם הָאֲצִילוּת נַעֲשָׂה עַתִּיק דְּעוֹלַם הַבְּרִיאָה, וְכֵן מַלְכוּת דָא"ק נַעֲשָׂה עַתִּיק לַאֲצִילוּת, כְּמוֹ שֶׁכָּתַב רֵ"זַל בְּשַׁעַר סֵדֶר הָאֲצִילוּת פֶּרֶק א' וב'. וַא"ק בְּעַצְמוֹ אֵינוֹ אֶלָּא עִגּוּלָיו בִּבְחִינַת נֶפֶשׁ, וְיוֹשֶׁר שֶׁבּוֹ בִּבְחִינַת רוּחַ, כְּמוֹ שֶׁכָּתַב רֵ"זַל. נִמְצָא לֹא עָלָה לְמַעְלָה מִמַּדְרֵגַת הָרוּחַ, וְאַף עַל כֵּן מִמֶּנּוּ יוֹצְאִים אוֹרוֹת וּמַדְרֵגוֹת, וּמִתְפָּרְטִים לְדִנְרַנְח"י, וְנִרְנַח"י עַד אֵין קֵץ וָסוֹף. אִם לֹא שְׁכִוּוּנַת רֵ"זַל לֶאֱשַׁמְעִינַן דְּבִשְׁלָמָא שְׁאָר הַמַּדְרֵגוֹת שֶׁל לְמַעְלָה מֵעוֹלַם הָעֲקֻדִים, כָּל אֶחָד וְאֶחָד מִתְּחִלָּה מִשְּׁעַת רִאשׁוֹנָה שֶׁנֶּאֱצַל, נֶאֱצַל כְּפִי בְחִינָתוֹ הָרָאוּי לוֹ, כִּרְצוֹן הַמַּאֲצִיל הָעֶלְיוֹן בָּרוּךְ הוּא, וְלֹא הוּצְרַךְ לַהֲעָלוֹת פַּעַם אַחֶרֶת כְּדֵי לְהִשְׁתַּלֵּם כְּמוֹ עוֹלַם הָעֲקֻדִים, שֶׁיִּשְׁתַּבַּח וְיִתְפָּאֵר שְׁמוֹ, בְּכַוָּנָה מְכֻוֶּנֶת הָאֲצִילָם וְהוֹצִיאָם מְחֻסְרֵי הַמַּדְרֵגוֹת כְּרָאוּי לָהֶם. וְהָיָה זֶה כְּלִי שֶׁיִּצְטָרְכוּ לַהֲעָלוֹת פַּעַם אַחֶרֶת בַּמַּאֲצִילָם, לְהַשְׁלִים מַדְרֵגוֹתֵיהֶם הָרָאוּי לָהֶם. וְנִמְצָא כָּל אוֹתוֹ שְׁלֵמוּת שֶׁקּוֹנִים אַחַר כָּךְ, אֵינוֹ בָּא לָהֶם אֶלָּא בְּסוֹד תּוֹסֶפֶת, עוֹמֵד וְקַיָּים כָּל יְמוֹת עוֹלָם, בְּסוֹד מַטִּי וְלֹא מָטִי. וְכִי יֵשׁ רָצוֹן וְכִשָּׁרוֹן מַעֲשִׂים בָּעוֹלָם, קָאֵי בְּסוֹד הַתְפַּשְּׁטוּת הָאוֹרוֹת. וְלֹא יַעֲלֶה וְלֹא יָבוֹא לְהֵפֶךְ, קַיְימֵי הָאוֹרוֹת בְּסוֹד הִסְתַּלְּקוּת, כְּמוֹ שֶׁכָּתַב רֵ"זַל לְקַמָּן בְּסוֹד כִּי רֶגַע בְּאַפּוֹ. וַהֲרֵי זֶה דּוֹמֶה לְסוֹד הִסְתַּלְּקוּת הַמּוֹחִין שֶׁמִּסְתַּלְּקִין מִזְּעֵיר אַנְפִּין שֶׁלֹּא בְּעֵת רָצוֹן. וְנִמְצָא שׁוֹרֶשׁ הַהִסְתַּלְּקוּת מַתְחִיל מִכָּאן מִמָּקוֹם גָּבוֹהַּ כָּזֶה, כָּל שֶׁכֵּן וְקַל וָחֹמֶר מִן כָּל פַּרְצוּפֵי הָאֲצִילוּת, וְדָבָר גָּדוֹל עָמֹק מְאֹד דִּבֵּר הַנָּבִיא, וְצָרִיךְ לְעַיֵּין בְּעִיּוּן נִמְרָץ וְעָמֹק, כְּמוֹ שֶׁכָּתַב רֵ"זַל דְּשַׁעַר סֵדֶר הָאֲצִילוּת, כֵּן נִרְאֶה.
60

בֵּית לֶחֶם יְהוּדָה שָׁ"ו פֵּ"ג – וּבָזֶה תַּעֲמִיק וְתִרְאֶה כַּמָּה עָמְקוּ מַחְשְׁבוֹתָיו יִתְבָּרֵךְ. עַיֵּין לְהָרַב יְפֵה שָׁעָה, וּבְשֶׁמֶן שָׂשׂוֹן אוֹת ה', וְנִרְאֶה לַעֲנִיּוּת דַּעְתִּי שֶׁכִּוּוּנַת הָרֵזַ"ל לוֹמַר שֶׁהַשֵּׁם יִתְבָּרֵךְ עָשָׂה זֶה בְּכַוָּנָה מְכֻוֶּנֶת, כְּדֵי שֶׁיִּהְיֶה זֶה שׁוֹרֶשׁ לְעוֹלַם הַנְּקֻדִים. כְּדֵי שֶׁגַּם הֵם יָצְאוּ בִּבְחִינַת מַלְכִיּוֹת, וְשֶׁאָר הַמַּ"ה וְהַבַּ"ן יָבוֹא לָהֶם בְּסוֹד תּוֹסֶפֶת, כְּדֵי שֶׁיּוּכְלוּ לַחֲזֹר וּלְהִסְתַּלֵּק בְּעֵת הַפְּגַם, כְּמוֹ שֶׁכָּתַב בְּשַׁעַר יָ"א, וְיִהְיֶה בָּעוֹלָם שָׂכָר וָעֹנֶשׁ, וְיֵצְאוּ מִדּוֹתָיו לִפְעֹל לְהִקָּרֵא רַחוּם וְחַנּוּן. וְלָזֶה אָמַר כַּמָּה עָמְקוּ מַחְשְׁבוֹתָיו וְכוּ', לוֹמַר שֶׁאִם הָעִיקָר כְּטַעַם הָאֶחָד בִּשְׁבִיל לַעֲשׂוֹת כְּלִי בְּעוֹלַם הָעֲקֻדִים, הָיָה אֶפְשָׁר שֶׁיֵּצְאוּ הָעֲקֻדִים שְׁלֵמִים בְּדִנְרַנְח"י, וְיַחֲזוֹר הַמַּאֲצִיל וִיצַמְצֵם אוֹר הָעֲקֻדִים לְמַעְלָה בְּפֶה בְּשָׁרְשָׁם הָעֶלְיוֹן. וְאָז יִתְהַוֶּוה בְּחִינַת הַכְּלִי כְּצַמְצוּם אַ"ק לְצוֹרֶךְ עוֹלַם הַנְּקֻדִים, אַף עַל פִּי שֶׁלֹּא הָיוּ אוֹרוֹת אַ"ק חֲסֵרִים כְּלוּם, וְלֹא עָלוּ לְהִשְׁתַּלֵּם (אֵשַׁ"ל).
61

אֵיפֹה שְׁלֵימָה דָ"ג עַ"ב)יָא(– כַּמָּה עָמְקוּ מַחְשְׁבוֹתָיו וְכוּ'. עַיֵּין לְהָרַב יְפֵה שָׁעָה בְּפֶרֶק ג' אוֹת א', וּבְסֵפֶר שֶׁמֶן שָׂשׂוֹן אוֹת ה' יְעֻ"שׁ. וְנִרְאֶה לַעֲנִיּוּת דַּעְתִּי שֶׁכִּוּוּנַת הָרֵזַ"ל לוֹמַר שֶׁהַשֵּׁם יִתְבָּרֵךְ עָשָׂה זֶה בְּכַוָּנָה מְכֻוֶּנֶת, כְּדֵי שֶׁיִּהְיֶה זֶה שׁוֹרֶשׁ לְעוֹלַם הָעֲקֻדִים, כְּדֵי שֶׁגַּם הֵם יָצְאוּ בִּבְחִינַת מַלְכִיּוֹת, וְשֶׁאָר הַמַּ"ה וְהַבַּ"ן יָבוֹא לָהֶם בְּסוֹד תּוֹסֶפֶת, כְּדֵי שֶׁיּוּכְלוּ לַחֲזֹר וּלְהִסְתַּלֵּק לְמַעְלָה בְּעֵת הַפְּגַם, כְּמוֹ שֶׁכָּתַב הָרֵזַ"ל בְּסוֹד עֲשָׂרָה מַאֲמָרוֹת נִבְרָא הָעוֹלָם. וְעַל יְדֵי זֶה יִהְיֶה שָׂכָר וָעֹנֶשׁ, וְיֵצְאוּ מִדּוֹתָיו לִפְעֹל לְהִקָּרֵא רַחוּם וְחַנּוּן וְכוּ', וְאָמַר כַּמָּה עָמְקוּ וְכוּ', לֵימַד שֶׁאִם הָעִיקָר הוּא דַּוְקָא כְּטַעַם הָרִאשׁוֹן שֶׁכָּתַב הָרֵזַ"ל, בִּשְׁבִיל לַעֲשׂוֹת כְּלִי בְּעוֹלַם הָעֲקֻדִים הָיָה אֶפְשָׁר שֶׁיֵּצְאוּ הָעֲקֻדִים שְׁלֵמִים בְּדִנְרַנְח"י, וְהַמַּאֲצִיל הָעֶלְיוֹן יַחֲזוֹר וִיצַמְצֵם אוֹר הָעֲקֻדִים לְמַעְלָה בְּפֶה בְּשָׁרְשָׁם הָעֶלְיוֹן. וְאָז יִתְהַוֶּוה בְּחִינַת הַכְּלִי, כְּמוֹ שֶׁמָּצִינוּ שֶׁנִּצְטַמְצְמוּ אוֹרוֹת הַנְהַ"י דָא"ק, כְּדֵי לְהוֹצִיא עוֹלַם הַנְּקֻדִים. אַף עַל פִּי שֶׁלֹּא הָיוּ אוֹתָם הָאוֹרוֹת חֲסֵרִים כְּלוּם, וְלֹא הָיְתָה עֲלִיָּיתָם כְּדֵי לְהִשְׁתַּלֵּם.
62

מֵעוֹלָם הַנְּקוּדִים שבעולם הנקודים[63] המלביש את א"ק מהטבור ולמטה, יצא הכתר תחילה, ואחריו חכמה וכו', ובסוף יצאה המלכות, **וּכְמוֹ שֶׁנִּכְתּוֹב בִּמְקוֹמוֹ בְּעֵ"ה. וּמַלְכוּת** זו דעקודים **יָצְאָה** מפה דא"ק **בִּבְחִינַת נֶפֶשׁ**[64] **לְבַד, כִּי אֵין לְךָ סְפִירָה שֶׁאֵין לָהּ בִּבְחִינַת נֻר"ֶן** צריך[65] לגרוס נרנח"י **כַּנּוֹדָע, וְאָמְנָם לֹא יָצְאוּ עַתָּה** בגילוי **רַק בִּבְחִינַת נֶפֶשׁ לְבַד.**[66]

הַגָּהָה[67] וְנִרְאֶה[68] לַעֲנִיּוֹת דַּעְתִּי לְקַשֵּׁר דְּרוּשׁ זֶה עִם הַדְּרוּשׁ שֶׁנִּכְתּוֹב בְּעֵ"ה, כִּי בְּחִינַת אֹזֶן הִיא נְשָׁמָה. וְחוֹטֶם הוּא רוּחַ. וְהַפֶּה נֶפֶשׁ. וּכְמוֹ שֶׁכָּתוּב לְמַטָּה בַּדְּרוּשׁ זֶה עַצְמוֹ, עַיֵּין שָׁם. וְהִנֵּה אֲנִי חוֹשֵׁב בְּוַדַּאי שֶׁשָּׁמַעְתִּי מֵמוֹרִי זלה"ה, כִּי[69] וַדַּאי כַּאֲשֶׁר יָצְאוּ כָּל הָעֶשֶׂר סְפִירוֹת הָאֵלּוּ, בָּאוּ כָּל הַבְּחִינוֹת שֶׁל נֻר"ֶן ח"י כְּלוּלִים בָּהֶם ר"ל בְּכָל סְפִירָה יֵשׁ בְּכֹחַ שְׁלֵמוּת שֶׁל נרנח"י, אֶלָּא שֶׁבַּתְּחִלָּה לֹא נִתְגַּלָּה בָּהֶם בפועל כל בחינות הנרנח"י אֶלָּא נתגלתה בְּחִינַת נֶפֶשׁ לְבַד, וּכְמוֹ שֶׁכָּתוּב בַּדְּרוּשׁ נִשְׁמַת אָדָם הַתַּחְתּוֹן, שֶׁבַּתְּחִלָּה בָּאִים הנרנח"י כּוּלָם בְּיַחַד, וְאַחַר כָּךְ מִתְגַּלָּה כָּל אֶחָד וְאֶחָד בִּפְנֵי עַצְמוֹ מדרגה אחרי מדרגה, תחילה מתגלת בפועל בחינת נֶפֶשׁ, וְאַחַר כָּךְ בחינת

תרשים ג – ט"ו.

63

ע"ח ש"ח פ"ד מ"ת דל"ח ע"א – הנה כאשר יצאו אלו הנקודות שהם מכתר עד מלכות, היתה יציאתן **היפך יציאת העקודים**, כי שם ביציאת העקודים יצאת מלכות תחילה, וכתר באחרונה. וכאן בנקודים הוא להיפך כי **הכתר שלהם יצא בראשונה**, ובו היו כלולים כל הט' אחרים, ואחר כך יצאה החכמה, ובו כלולים כל הח'. וכן על דרך זה יצאה אימא ובה היו כלולים כל הז' אורות, ואז היתה היא נקראת אם הבנים. ואחר כך הוצאיא היא הז' כולם כלולים בחסד, ואח"כ מתגלים בגבורה, וכן על דרך זה עד לסוף עד שנמצאת **שיוצאת המלכות באחרונה** מכולם.

64

לכל ספירה וספירה יש נרנח"י פרטים, בשלב ראשון יצאה מפה דא"ק רק **הנפש דמלכות** דעקודים.
תרשים ג – ט"ז.

65

הגירסא באוצרות חיים – **נר"ן ח"י.**

66

הגהות וביאורים)א(– ונראה לענ יות דעתי לקשר דרוש זה עם מה שכתבנו במקום אחר, כי בחינת אזן הוא נשמה, והחוטם הוא הרוח, והפה הוא הנפש, כמו שכתוב למטה בדרוש זה עצמו. והנה אני חושב ששמעתי ממורי זלה"ה כי ודאי הוא, שכאשר יצאו כל העשר ספירות האלו, באו כל בחינה של נרנח"י)נ"א נר"ן(,)אלא שלא נתגלה בתחלה(אלא שבתחלה לא נתגלה בהם רק בחינת נפש בלבד, וכמו שביארנו בדרוש נשמת האדם התחתון, שבתחילה בהם כלולים יחד, ואחר כך מתגלה כל אחד ואחד בפני עצמו, נפש ואחר כך רוח נשמה.

67

הגהה זאת מרבי חיים ויטאל נמצאת בספר אוצרות חיים , ונשמטה מספר ע"ח. גם הגוב"י מביא הגהה זאת בפרקין.

68

איפה שלימה ד"ג ע"ג)יב(– ונלע"ד וכו', היא משער ההקדמות דף י"ב ע"ד יעו"ש.

69

ע"ח ח"ב של"ט דרוש ה' מ"ב דע"א ע"ב – ונודע שכאשר התינוק נולד, ויצא לאויר העולם, אינו מתגלה בו רק בחינת **נפש בלבד בפועל**, והשאר שהם רוח נשמה הם בו **בכח ולא בפועל.**

לוח, וכו'. ר"ל בסוגיה זאת כל בחינות הנרנח"י[70] דעשר ספירות דעקודים יוצאים מפה דא"ק, ומתגלה תחילה רק בחינת הנפש שבכל אחד מהם, ושלב אחרי שלב הם מקבלים חלקים אחרים דנרנח"י.

וְהִנֵּה[71] **תְּחִלָּה יָצְאָה מַלְכוּת** דעקודים **בִּבְחִינַת נֶפֶשׁ**[72] דנפש בלבד, עם כל זאת כוללת המלכות בתוכה[73] **בְּכֹחַ** את כל בחינות הנרנח"י והמקיפין, **וְאַחֲרֵי** יציאת נפש דמלכות, שהיא נפש דנפש **אֲזֹר כָּךְ** יצאה

70

כל בחינה שיוצאת היא כלולה מכל בחינות נרנח"י הפרטיות שלה, אלא שמתגלה תחילה הבחינה התחתונה ביותר, שהיא הנפש, ואחר כך על ידי עסק התורה והמצוות מתגלה הרוח, והנשמה וכו'.
ע"ח ח"ב שט"ל דרוש ה' דע"א ע"ב – ונודע שכאשר התינוק נולד ויצא לאויר העולם, אינו מתגלה בו רק בחינת נפש בלבד בפועל, והשאר שהם רוח נשמה וכו' הם בו בכח ולא בפועל, והם בלתי התלבשות זה השניה, אך על ידי עסקו בתורה ובמצות אז יעשה לבוש לבוש אליהם, ואז גם הם יתלבשו ויתגלו בפועל.
רחובות הנהר ד"ט ע"ד – וכשנברא אדם הראשון נכלל בו כל מחצב הנשמות הנזכר, והנה גופו שהם הכלים דעשר ספירות שבו, כלול מרמ"ח איברים ושס"ה גידים שהם תרי"ג, ויש בו חמשה פרצופים כוללים, דהחמשה פעמים א"ק ואבי"ע דפרטות א"ק ואבי"ע, על דרך הנזכר במחצב הספירות, וכל פרצוף מפרטי פרצופי א"ק ואבי"ע הנזכר כלול מחמשה פרצופים, הנקראים בשם עור, ובשר, גידים, ועצמות, ומוח שבעצמות כלול מתרי"ג איברים, שבתוכם מתלבשים תרי"ג איברי הצלם, שבתוך הצלם מתלבשים תרי"ג איברי הנרנח"י דכל פרט, ובתוכם מתלבשים תרי"ג איברים דעשר ספירות דכל פרצוף א"ק ואבי"ע דמחצב הספירות עם צלמי המוחין ונרנח"י שבו המתייחסים אליו, שבתוכם מתלבש גוף הקדוש של התורה הנז"ל. **ונתבאר כי באדה"ר נכלל כל מחצב הנשמות** והיו כלולים בו כל הנשמות מכתר דאדם קדמון עד סוף העשיה.

71

בית לחם יהודה ש"ו פ"ג – והנה תחלה יצאה המלכות בבחינת נפש. היינו שיצאה באור פנימי ואור מקיף דנפש, וכן כל שאר העשר ספירות כולם, שהרי יצאו אורות הפה בב' בחינות אור פנימי ואור מקיף, וכמבואר היטב בהרב יפה שעה בסוף פרק א' דטנת"א, יעו"ש.

72

הגהות וביאורים)ב(– נשאלתי טעם קריאתה יחידה לשון נקבה, כיון שהכתר לשון זכר, וכן אבא נקרא חיה ולא חי, וכן הבינה למה נקרא נשמה לשון נקבה, ואין כאן זכר רק תפארת לבד שנקרא רוח, וגם רוח לשון נקבה, ורוח אלהי"ם מרחפת, אכן רוח היא באנוש, וכמוהו רבים. והנראה בעיני שמה שמשיג כל פרצוף מעילתו להאיר בו, אינו רק בחינת מלכות שבעליון. ולכן כולן נקראו לשון נוקבא נרנח"י, ונפש פשוט שהוא לשון נקבה, נפש כי תחטא, ולא אמר יחטא, עד כאן לשונו בספר כתב יד מאחד מן קדמיא זיע"א.

73

כל בחינה היוצאת לחוץ כוללת בתוכה בכח את כל בחינות האורות הפנימיים והמקיפין, רק שמתגלים בחינות אלו לאחר זמן. כמו שמבאר הרב יפה שעה בשער טנת"א פרק א'.
ע"ח ש"ה פ"א דכ"א ע"ג, ביאור הרב יפה שעה)ב(– מ"ב ענין חמשה בחינות נרנח"י, וב' מקיפים היה ויחידה, צריך לדעת כי גם בחמשה פנימים יש מקיף לכל אחד ואחד, אבל אלו השנים מקיפים הם אחרים כוללים. זולת חמשה מקיפים שבפנימים, וראיה לזה כו'. לא ידעתי למה לן לאטרוחי כולי האי לאות ולמופת, הלא ממקומו הוא מוכרח, שהרי כתב רז"ל לעיל פרק א' ז"ל - ונתחיל בעקודים שהם אורות היוצאים מן הפה דא"ק, אשר בהם התחיל גילוי הוויות הכלים כו', הנה אורות הפנימים עם אורות המקיפים מחוברים יחד בתוך הפה, לכן בצאתם יחדיו מחוץ לפה קשורים יחד, הם מכים זה בזה ומבטשים זה בזה, ומתוך ההכאות שלהם מתיילדים בחינת הוויות הכלים יע"ש. הרי בהדיא כי משעת ראשונה, מעת שיצאה המלכות, שהיא ראשונה מן היוצאים, כבר היתה כוללת אור פנימי ואור מקיף, וכבר נמצא שם ד' בחינות, שהם - אור פנימי ואור מקיף בפנימיות הכלי, וחיצוניות הכלי. וכן כשיצאו כל השאר מן המלכות ולמעלה, וכשיצא ז"א הרי יצא בחינת נפש, ומקיף דנפש לעצמו, ובחינת רוח ומקיף הרוח למלכות. וכן כל השאר. **באופן שמשעה ראשונה ליציאתם כל אחד כפי בחינתו יצא הוא ומקיפו עמו**, ונמצאת המלכות בנרנח"י שלם, ומקיפים. וז"א בנרנח"י שלם ומקיפיהם. ואחר כך כשהחזרו זו"ן במאציל, כדי לקנות חיה ויחידה, מוכרח שהיא חיה ויחידה

נפש דיסוד דעקודים, לפי הכלל שהרב כתב כי כל הספירות יוצאים תחילה רק בבחינת נפש שלהם, **וכאשר יצאה בבחינת היסוד, לא נתגלה (בבחינת היסוד) ביסוד** כל חלקי הנרנח"י שלו, **רק בבחינת נפש** דיסוד **לבד לעצמו, אבל נתוסף** עוד **הארה במלכות, שנתגלה בה בבחינת רוח** דמלכות[74]**,** שהוא בעצם רוח דנפש, **וטעם הדבר הוא לפי שיסוד הרוח בא במו"ק** שהם חג"ת נה"י **כנודע**[75] והיסוד הוא חלק מהו"ק**, ולכן בבא** נפש **היסוד התחיל להתגלות במלכות** חלק אחד מ**בבחינת הרוח** דנפש**, ואינו נשלם** בבחינת הרוח דמלכות **לגמרי, עד שיצאו כל** חלקי הנפש של כל **הו"ק, שהוא ב**ספירת היסוד **הוד נצח תפארת גבורה עד** ספירת **החסד, ואז נגמר** ונשלמת **בבחינת הרוח** דנפש **כולו של כל מלכות** דעקודים**, ובבא כל אזוד** ואחד **מהם** מנפש דו"ק[76] **היה מתגלה במלכות קצה אזוד**

מלבד המקיפים של הפנימים. באופן שמן הדרוש והענין מוכרח להיות נרנח"י שלם ומקיפיהם, והכל בבחינות פנימיות, ועוד בחינת חיה ויחידה מקיפים כוללים על כולם.

74

תרשים ג – י"ז.

75

עשר ספירות בכל שיעור קומה מתחלקים לנרנח"י, כאשר הכתר הוא יחידה, חכמה חיה, בינה נשמה, חג"ת נה"י רוח, ומלכות נפש.

ע"ח ש"ו פ"ה מ"ק דכ"ז ע"ד – בכל בחינה ובחינה יש ד' מציאות שהם, א' כלים. ב' נר"ן פנימים. ג' חיה מקיף. ד' יחידה מקיף אל מקיף. וב' בחינות אלו האחרונים האחד נקרא חיה, שהוא מקיף א', ונקרא נשמה לנשמה, והוא מן החכמה, בסוד והחכמה תחיה את בעליה, וכן חיי"ם גימטריא חכ"ם. והשני שהוא מקיף הב', נקרא יחידה, והוא מן הכתר, לפי שאין נוקבא לאריך כמו שיש לשאר, לכן נקרא יחידה ואין שני דעליה, אתמר כי אחד קראתיו וגו'. וזה סוד מה שאמרו רז"ל - חמשה שמות יש לנשמה, והם נגד חמשה פרצופים, **נפש מלכות. רוח תפארת. נשמה בינה. חיה חכמה. יחידה כתר.** והמלכות יש בה כל חמשה בחינות אלו, כי היא עצמה נפש, ומאיר בה נפש של התפארת והוא רוח אל המלכות. ובינה נפש שלה נשמה למלכות. וחכמה נפש שלו נשמה לנשמה למלכות. ונפש כתר יחידה למלכות. וכן בתפארת יש בו בחינת רוח של מלכות נפש אליו, והוא עצמו רוח. ורוח בינה נשמה אליו, ורוח מאבא חיה אליו, ורוח מכתר והוא יחידה אליו. גם בבינה יש נר"ן מצד עצמה. ונשמה דאבא הוא חיה, ונשמה דא"א היא יחידה אליה. גם באבא יש לו כל ד' בחינות אלו, חוץ מיחידה שנוטל מן חיה דא"א.

76

אחרי יציאת המלכות דעקודים, שהיא בחינת נפש דכללות, מתגלה במלכות שלמות בבחינת הנפש. וכאשר יוצאת בבחינת נפש דיסוד, מתגלה קצה אחד מבחינת רוח דמלכות, כמו שמבואר למעלה. וכאשר יוצאת בחינת נפש דהוד, מתגלה הקצה השני דרוח דמלכות.

תרשים ג – י"ח.
כאשר יוצאת בחינת נפש דנצח, מתגלה הקצה השלישי דרוח דמלכות.

תרשים ג – י"ט.
וכאשר יוצאת בחינת נפש דתפארת, מתגלה הקצה הרביעי דרוח דמלכות.

תרשים ג – כ.
כאשר יוצאת בחינת נפש דגבורה, מתגלה הקצה החמישי דרוח דמלכות.

תרשים ג – כ"א.
כאשר יוצאת בחינת נפש דחסד, מתגלה הקצה השישי דרוח דמלכות.

תרשים ג – כ"ב.

מִבְּחִינַת רוּחַ דנפש, וכאשר נשלמת יציאת כל בחינות הנפש דו"ק, נשלמת המלכות בבחינת רוח דנפש, וחג"ת

נה"י בבחינת נפש דרוח, **כְּמוֹ**[77] **שֶׁכָּתוּב בַּזּוֹהַר** פרשת **תְּרוּמָה.**

הרב ז"ל כתב למעלה בפרקין כי היסוד הוא חלק אחד מו"ק, כאן הרב ז"ל סותר את עצמו ומבאר כי היסוד הוא לא חלק מו"ק, אלא מקבל את מהחמש הקצוות העליוניות ממנו. באמת אין סתירה בדברי הרב ז"ל, אלא שהרב ז"ל ערבב ב' מערכות, מערכת המוחין[78], ומערכת החסדים[79]. כאשר מדובר על מערכת החסדים המתפשטים בז"א, היסוד לא נכלל

---

[77]

כמו שכתוב בזוהר תרומה, אינו מופיע באוצרות חיים.

[78]

המוחין הם שפע של תיקון הנמשך לפרצופים מזה לזה. הו"ק דז"א שהם בחינת גופא דז"א, נתקנים תמיד על ידי זיווג חיצוניות או"א, הנקרא זיווג תדיר, ומוחין דזיווג התדיר נקראים מוחין דעיבור ויניקה. לתיקון בחינת ג"ר דז"א, שהוא תיקון מוחין דגדלות נמשכים מוחין אלו מזיווג פנימי דאו"א. מוחין אלו הם בעצם בחינת **כל צמ"א,** והם ז' מדריגות של התלבשות זה בזה, והם אור הא"ס המתלבש בטעמים שהם בכתר)ב' בחינות אלו אין כוונה מצוירת, אלא במחשבה בלבד(, והם מתלבשים בנקודות שבחכמה, שהם בעצם הויו"ת בניקוד של כל ספירה וספירה, ג' בחינות אלו מתלבשים במוחין, שמתלבשים בצלמים, והם מתלבשים בלבושין, וכל ו' בחינות אלו מתלבשים ב**כל** הכלים דז"א. כל הבחינות של כל צמ"א נקראים באופן כללי מוחין.

תרשים ג – כ"ג.

וכן הוא בסידור הטהור של מרן הרש"ש.

תרשים ג – כ"ד.

[79]

החסדים הם סוד המים המגדלין את האילן. אחרי שמתפשטים המוחין בז"א, והוא בעל שיעור קומה שלם, מתלבש בתוך דעת דז"א יסוד דאימא, הכולל בתוכו חמשה חסדים, וחמישה גבורות, ובחינות אלו נקראים שורשים. בחינת החסדים האלו מתפשטים בחג"ת נ"ה, והתפשטות זאת נקראת ענפים. ומהענפים אלו מתפשטת הארה ליסוד דז"א, והתפשטות זאת נקראת הארות.

תרשים ג – כ"ה.

יש ב' מערכות של התפשטות החסדים והגבורות בגופא דז"א וקיבוצם ביסוד. המערכת הראשונה נעשת בעיקר בברית מילה, כאשר הגבורות יורדים ליסוד דז"א לפני הברית. ובמילה עצמה יורדים חלק מהחסדים וממתקים את הגבורות, ובפריעה מתגלים שאר חלקי החסדים ביסוד. המערכת השניה נעשת בעיקר בתפילה, כאשר חלק מהחסדים נמשכים ליסוד דז"א, ואחר כך כל חמשה הגבורות, החסדים שביסוד דז"א ממתיקין את הגבורות ששם, נכפלים, ועולים בחזרה ומגדלין את ז"א הנקרא אילן, וגם ניתנים לנוקבא. וכך הוא בסידור למרן הרש"ש.

תרשים ג – כ"ו.

ע"ח שכ"ג פ"א מ"ב דק"ו ע"ב – וזה סוד מנחל בדרך ישתה, הנחל הוא יסוד דתבונה, ובתוכו מלובש דעת דז"א, שבו החסדים הנקרא מים, ואלו מים נמשכין מן הנחל ההוא, ומתפשטין עד היסוד דז"א, וחוזרין ועולין **ומגדלין** אותן כנודע. ויסוד נקרא דרך, בסוד דרך גבר בעלמא. נמצא כי היסוד דאמא הנקרא דרך, נעשה נחל מים, וממנו שותה הז"א מאותן החסדים, ואז נגדל ומרים ראשו, וסוד הרמת ראש הוא כי חג"ת שבו נגדלין ונעשין בחינת ראש, בסוד ג' מוחין שבו חב"ד, ונמצא כי אין ראש זו מחודש, רק שמה שהיתה בסוד חג"ת הורמו למעלה ונגדלו, ונעשה ראש בסוד חב"ד. וזה בחינת ו' שבשם הוי"ה הכולל האצילות, כי תחלה היה בז"א ו"ק לבד, ו' זעירא שבתוך ה' דאמא עלאה, ועתה יצאה ונעשה ו' עצמה שבשם הוי"ה, ונעשה לו ראש שהוא צורת י' שיש בראש ו' כנודע. כי ביניקה היתה ו' לאחר ה' ראשונה, אלא שלא היה לה ה' ראש, כי היה ו"ק לבד, ובגדלות נעשה לו ראש דהיינו י' על ו'.

ע"ח ח"ב שכ"ה דרוש ג' ד"ט ע"א – והנה נתבאר לעיל כי המים המגדלין האילן הם החסדים הנקרא מים, וצריכין לחזור ולעלות ולהגדיל ולהגדיל כולו, זולת מה שהם ממתקין הגבורות בעת עלייתן כנ"ל בדרוש, ואין פה מקום ביארנו, רק פה נאמר ונבאר איך מגדילין את ז"א עצמו, דוגמת המים הנכנסין בשורש האילן, ומשם יונק **האילן שהוא ז"א הנקרא אילנא דחיי,** ועולין ממטה למעלה להגדילו, והבן זה.

בקצוות. וכאשר מדובר על מערכת המוחין, היסוד נכלל בו"ק. צריך לדעת כי כאן הרב ז"ל מבאר את מערכת ירידת החסדים והגבורות ביסוד דז"א[80], ולא מערכת מוחין דנרנה"י המתפשטים מפה דעקודים. **וכבר נודע, כי**

80

להבין סוגיא זאת צריך לדעת כמה הקדמות. יש הבדל בין קבלת מוחין לקבלת חסדים, המוחין שז"א מקבל הם רוחניים בתכלית הרוחניות, והכלים של ז"א לא יכולים לקבלם אלא על ידי התלבשותם בבחינות של כל צמ"א. ואחרי שנכנסים המוחין, יורדים בחינת חסדים, שהם מים המגדלין את האילן, והם מזככים את הכלים דז"א, כדי שיכלו לקבל את האורות.

צריך לדעת, המוחין הנמשכים לז"א הם מארבעה מוחין, שהם חו"ב וחו"ג, ובדעת עצמו יש את בחינת החסדים והגבורות.

תרשים ג – כ"ז.

כדי שז"א יקבל את המוחין, המוחין צריכים להתלבש בנה"י דאימא. לכן ד' מוחין אלו, שהם חו"ב וחו"ג מתלבשים בנה"י דאימא בדרך זאת, מוחין דחכמה בנצח דאימא. מוחין דבינה בהוד דאימא. ומוחין דחו"ג דדעת שניהם מתלבשים ביסוד דאימא. נה"י דאימא)אשר בתוכו נמצא גם נה"י דאבא עם המוחין דחו"ג דדעת.

תרשים ג – כ"ח.

מוחין אלו מתלבשים תוך ז"א בדרך זאת, נצח דאימא עם המוחין דחכמה מתלבשים תוך חח"ן דז"א. והוד דאימא עם מוחין דבינה תוך בג"ה דז"א. ובגלל שיסוד דאימא קצר בערך נצח והוד, יסוד דאימא מתלבש עם המוחין דדעת רק בדעת ובחזה דז"א, שהוא בשליש העליון דתפארת דז"א. עוד צריך לדעת כי בנצח והוד דאימא שבהם מלובשים מוחין דחכמה ובינה דז"א, הם סתומים, לעומת זאת מבשרי אחזה אלו"ה יסוד דאימא שבוא נמצאים החסדים והגבורות דדעת הוא פתוח, והחסדים והגבורות יכולים להתפשט ממנו. עוד צריך לדעת כי חו"ג שנמצאים בדעת נקראים **שורשים.**

תרשים ג – כ"ט.

חמשה החסדים מתפשטים בחמשה הקצוות דז"א)כאן הביאור הוא בכללות, אבל יש פרטי פרטים על דרך התפשטות זאת(, שהם חסד, גבורה, תפארת, נצח, והוד דז"א. כאשר חסד דחסדים מתפשט בחסד דז"א, גבורה דחסדים בגבורה דז"א, תפארת דחסדים בתפארת דז"א, נצח דחסדים בנצח דז"א, והוד דחסדים בהוד דז"א. וחסדים אלו נקראים **ענפים.**

תרשים ג – ל.

לעומת זה הארת הגבורות יורדות מיסוד דאימא במרוצה ליסוד דז"א, ומשם עוברות לדעת דנוקבא, ומתפשטות באותו אופן בגופא דליה. וכך הוא בסידור הטהור למרן הרש"ש.

תרשים ג – ל"א.

אחרי התפשטות החסדים בגופא דז"א, החסדים שבכל אחד מהחמש קצוות דז"א מאיר הארה ליסוד. וכל חמשה הארות אלו מתקבצים ביסוד דז"א, כל אהרה כוללת שיעור קומה שלם של עשר ספירות, וביחד הם החמישים בחינות, לכן היסוד נקרא **כל.**

תרשים ג – ל"ב.

ואחר כך יוצאת הארה מיסוד דז"א, הנקראת הארה דהארה וניתנת לנוקבא, לכן היסוד דז"א נקרא **כל**, כי הוא כלול מחמש הארות, שכל הארה בת שיעור קומה של י' ספירות, וביחד גימטריא כ"ל. והנוקבא מקבלת הארה דהארה מיסוד דז"א, שהם חמש, ונקראת כלה, כ"ל ה'.

תרשים ג – ל"ג.

ע"ח ח"ב שכ"ה דרוש ב' מ"ק ד"יד ע"א – הנה כבר נתבאר לעיל כי דעת זה התחתון דז"א כולל ב' עטרין, שהם שתי מלכיות דאו"א, וכל אחד מהם כולל חמשה, ועטרא דחסד כולל חמשה חסדים הנקראים מים, ועטרא דגבורה כולל חמשה גבורות הנקרא אש, ונודע כי מקומם הם בעטרת יסוד אמא כדלקמן בע"ה, כי תחלה היו בשתי עטרות דאו"א כנזכר לעיל בדרוש העבר. אך אחר כך נתחלפו, ושניהם הושמו בעטרת יסוד אימא, כמו שנכתוב בדרוש ה'. ונודע כי בהתלבש נה"י דאמא עם מוחין דז"א תוך גופא דז"א, הנה עטרת יסוד אמא הוא מגיע עד סוף שליש **עליון דתפארת, שהוא עד החזה דז"א.** ופי עטרת זו נבראת סתומה וצרה כדי שכאשר ירצו החו"ג לירד ולהתפשט בגופא דז"א, יהיו החסדים יורדין תחלה עם היונים עליונים מהגבורות להתקן

תחלה הז"א, הנתקן ע"י החסדים. ולכן תחלה יורדים החסדים. יען הם נחלי מים, ובצאתן מרחיבים פי נקב עטרת יסוד אמא, בסוד בידקא דמיא, כיון דרווח רווח ופותחין המעבר, ואחריהן יורדין הגבורות להתפשט אחר כך גם הם בנוקבא, כי כבר מצאו פתח פתוח לרווחה. והנה נתבאר כי החסדים הם ה', לכן בצאתן מתפשטים בחמשה מקומות, שהם **ראשון בחסד דז"א, השני בגבורה, השלישי בתפארת, הרביעי בנצח, החמישי בהוד**. והנה נודע כי מחזה ולמטה דתבונה השלישית, היא אשר מתלבשת בז"א, ובסיום התפארת שלה שם יחד מחוברים ראשי נה"י שלה, שהוא בסיום הגוף שלה במקום המתניים, ומשם ולמטה מתפרדין ומתפצלין ובהתלבשותם תוך ז"א, נמצא כי ראשי נה"י שלה מחוברים עד שיעור סיום הגרון דז"א, ומשם ולמטה התפצלות והתחלקות נה"י דתבונה תוך הז"א. ואז הנצח דאמא מתפשט תוך זרוע ימין דז"א, והוד תוך זרוע שמאל דז"א, ועטרת היסוד בקו אמצעי תפארת דז"א, ואז משם ולמטה כל אחד מהם יש לו מחיצה בפני עצמו, נמצא כי מקום שלוש פיצולין אלו הם תחת הגרון בשליש העליון תפארת דז"א. והנה כאשר שתי חסדים הראשונים רוצין להתפשט בחו"ג דז"א, אין יכולין לצאת כי הם מוגבלים ומוקפים תוך מחיצת עטרת יסוד דאימא, ואיך יצאו להכנס אל הצדדים שהם הזרועות, והרי פי היסוד הוא למטה מן הזרועות במקום החזה דרך מטה ולא מן הצדדים. האמנם ענינו כך כי שתי חסדים שרשם נשארו שם תוך שליש עליון דתפארת, תוך מחיצות יסוד אמא, והארתן לבד בוקעת ועוברת דרך צידי המחיצות דיסוד אמא, ונכנס אל הזרועות, אך שרשן נשאר ביסוד. ונקוט האי כללא בידך ואל תשכח. גם שליש החסד השלישי המתפשט בתפארת דז"א, גם הוא נשאר שם תוך יסוד אימא, המסתיים עד החזה, ושאר שתי שליש חסד המתפשטים בשתי שלישים תחתונים דתפארת, וגם שתי החסדים התחתונים המתפשטין בנצח הוד, הם עצמן יורדין ומתגלין ומתפשטים למטה כל אחד במקומו, **ושמור כלל זה**. נמצא כי שתי חסדים ראשונים ושליש עליון הם חסדים הסתומים, ושתי שלישים)חסד השלישי(דתפארת, ושתי חסדים)תחתונים(דנצח הוד הם מגולים, ומאירין אל הז"א בגלוי גמור. והנה כיון שברדתן אין להם מחיצות המעכבות, והם בבחינת מים כנזכר לעיל, והנה כיון שטבע המים היורדין דרך מורד בלי עיכוב, ירצו במרוצה גדולה ולא יטו אל הצדדין, ולכן אלו שתי חסדים תחתונים ושתי שלישים של החסד האמצעי, ברדתן יורדין דרך יושר במרוצה גדולה עד היסוד דז"א, ולא יתפצלו אל הצדדין לישר, זה בנצח, וזה בהוד, וזה בתפארת. האמנם אחר ירידתן במרוצה מכח הכנסתן באור יושר במרוצה, חוזרין תכף לעלות בסוד אור חוזר, ואז בעלייתן מיסוד עצמו אז הם מתפצלין לשלוש קוין במקומם, זה בנצח, וזה בהוד, וזה בתפארת, כי דרך השלהבת או העשן בעלייתן מתתא לעילא, ומוציא אויר פנוי בלי מחיצות מתפשט אל הצדדין, ועולה ולא ביושר ממש. והנה ביסוד דז"א יש מקום לקבל כללות חמשה חסדים, כי לכן נקרא **כל** כנודע, כי הם החמשה חסדים כל אחד כלול מעשר, הם **כ"ל**. והנה לא ירדו רק שתי חסדים ושתי שלישי המגולים, ובירידתן שם יורדין בתחתית היסוד, מכח ההכאה והמרוצה ונשאר מקום של שתי חסדים העליונים ושליש אחד של חסד פנוי, וחלל בעליונו של יסוד. והנה תכף אחר צאת החסדים קודם שיחזרו לעלות, יוצאת גם חמשה גבורות מיסוד אמא, והנה שם אי אפשר להתפשט, כי כבר יש שם שתי חסדים ושליש כנזכר לעיל. וגם כי הם יורדות לצורך בנין המלכות הנבנית מן הגבורות, כמו שמבואר במקומו, כי דעת של רחל נגד יסוד ז"א, ונעשה מחמשה גבורות שירדו גם כן ביסוד. והנה ברדתן אל היסוד יורדות אחת לאחת, **מתחלה יוצאת גבורה עליונה שבכולם, והוא גבורה שבחסד, ואחריה גבורה שבגבורה, וכו', עד גבורה שבהוד**. נמצא כי ברדת גבורה שבחסד]**אח"י** - נראה לעניות דעתי שצריך לגרוס **חסד שבגבורה, וכן כולם**[ביסוד ז"א, יורדת למטה מכולם, והוא במקום שעומדת הוד דחסדים דז"א כנזכר לעיל, ומתחברת שם הגבורה עם החסד דהוד. וכן אחריה יורדת גבורה שבגבורות ומתחברת עם החסד דנצח ז"א. וגבורה שבתפארת יורדת אחריה אחר כך במקום שעומדין שתי שלישי חסד דתפארת דז"א. וגבורה שבנצח יורד אחר כך במקום שראוי אל חסד שבגבורה דז"א, אף על פי שאינו שם כנזכר לעיל. וגבורה שבהוד)נ"א **והוד שבגבורה**(יורדת אחרון שבכולם, במקום שהוא ראוי אל חסד שבחסד דז"א, הגם שאינו שם. נמצא כי שתי גבורות עליונות שהם של חסד גבורה ושתי שלישים גבורות תחתונים של תפארת, שכל אלו ברדתן ביסוד דז"א הנו שם, ועומדים עם החסדים אשר שם, ומתמתקים עמהם, אך שתי גבורות דנצח הוד ושליש אחד דתפארת לא מצאו שם החסדים ולא נמתקו. ונמצא כי בהיות עדיין החסדים למטה ברדתן קודם שיחזרו לעלות, כבר המתיקו את הגבורות שלוש פחות שליש כנזכר לעיל. גם נמצא שאף על פי שהגבורות ברדתן לא ירדו דרך קוין, רק זה על גבי זה כנזכר לעיל, הנה בחניותן שם ביסוד נעשו בחינת קוין עם החסדים אשר שם דוגמתן, שגם הם שם דרך קוין כנזכר לעיל, והרי הרויחו הגבורות שני דברים, אחד שנעשו דרך קוין, ואחד שנמתקו על ידי החסדים. ואמנם

הגבורות נשארות שם כי הם לצורך דעת הנוקבא, כמו שכתוב במקומו. ואמנם החסדים שהם שלוש פחות שליש הנזכר לעיל, הם לצורך ז"א עצמו, חוזרין לעלות ולהתפשט במקומו, נמצא כי בעלייתן אינו דוגמת ירידתן, כי הנה בירידה ביסוד כבר ביארנו שירדו ונעשו שם בחינת קוין ביסוד. ואמנם בעלייתן הם בשני פנים, קצתן דרך קוין, וקצתן זה על גבי זה. והענין כי או"א נתנו כח בחסדים אלו השלוש פחות שליש כדי שיגדילו את ז"א עד הכתר שבו דרך עלייתן, כמו שכתוב בדרושים אחרים, וגם נתנו בהם כח שימתקו את הגבורות דרך עלייתן בפעם שניה. ולכן כאשר הם עולין אינם עולים דרך קוין, כי אז שלוש גבורות פחות שליש אשר שם יחזרו להתמתק שנית דרך עליית החסדים, נוסף על מתוק הראשון שנמתקו דרך ירידת החסדים, כי הרי הגבורות הם נתונים שם ביסוד דרך קוין כנזכר לעיל, ואותן השלוש גבורות פחות שליש יקבלו מתוק שני פעמים, והשני גבורות ושלישי לא יתמתקו כלל, כי כבר כח המתוק של חלקם הראוי להם לקחוהו שאר הגבורות הנזכרים לעיל. ולכן בעליית החסדים הם מתקבצין יחד, ועולין דרך קו האמצעי שהוא תפארת שביסוד עצמו דז"א, כי כל הקוין הם ביסוד דז"א, ושם עומדין החמש גבורות דרך קוין כנזכר לעיל, **והבן היטב ואל תשכח**. ואז אחר עלותן אל קו התפארת ההוא, אז מתפרדין ומתפצלין לשלוש קוין שהם חג"ת, ושם פגעו את השתי גבורות ושלישי בלתי מתוק, כי היו במקום פנוי בלתי החסדים, ואז הם מתמתקים עם אלו החסדים דרך עלייה. והנה נמצא כי כל חמשה גבורות נתקנו עם שלוש חסדים פחות שליש האלו, אלא שיש ביניהן הפרש, כי השלוש עליונים פחות שליש שהם גבורת החסד, וגבורת הגבורה, ושתי שלישי גבורת התפארת, נתמתקו דרך ירידת החסדים באור ישר מלמעלה למטה, ושתי גבורות ושליש התחתונים נתמתקו דרך עליית החסדים באור חוזר מלמטה למעלה, **וזכור זה הענין** למקום שתצטרך אליו, בענין הנוקבא הנעשית מהגבורות מה שינוי גרם בה ענין זה.

ע"ח ח"ב שכ"ה דרוש ב' מ"ב ד"ה ע"ג — כבר ידעת כי בדעת ז"א יש ב' עטרין, והם בחינת חמשה חסדים, וחמשה גבורות. וכבר ידעת כי החסדים נקרא מים, ובודאי כי פי היסוד דתבונה שהוא בחזה דז"א הוא צר מאד, ואינו רחב בודאי, ולכן כאשר רוצין חמשה חסדים וחמשה גבורות לצאת דרך שם, כדי להתפשט כל אחד במקומו, אז החסדים יורדין ויוצאין תחלה, כי הם סוד הנחלים עליונים של מים, וכל עוד שהם נמשכין ויוצאין הם מרחיבין את הנקב ופי היסוד דאמא כנודע, כי טבע המים כשיוצאין דרך נקב אחד, הם מרחיבין את הנקב כפלי כפליים ממה שהיה בתחלה, לכן יצאו החסדים שהם סוד מים תחלה, כדי לעשות דרך מעבר, ואז כשיצאו הגבורות אחר כך, מצאו פתח פתוח לרווחה ויצאו גם הם. וכשיצאו החסדים מתפשטים הם כל אחד במקומו עד הוד, כיצד אחד נשאר בחסד, ואחד בגבורה, ואחד בתפארת, ואחד בנצח, ואחד בהוד. אך דע כי אינם דומין זה לזה, כי הראשונים הם סתומים והתחתונים הם מגולין. והענין כי היסוד דאמא כבר ביארנו כי מגיע עד החזה דז"א, ועד סיום הגרון דז"א שם מתחברין נה"י דאמא ביחד, כי מבשרי אחזה אלו"ה, כי במקום סיום הגוף במקום המתניים, שם הם דבוקים יחד נה"י, ומשם ולמטה הם מתפרדין, כל אחד בקו שלו. והנה במקום סיום הגרון ולמטה שם מתחילין להתפצל נה"י דאמא בז"א, כי הנצח הוא נכנס תוך זרוע ימין דז"א, והוד נכנס תוך זרוע שמאל, ויסוד ועטרה נכנס תוך התפארת של ז"א, וכל אחד ואחד מופסק ומובדל מחבירו, וכל אחד ואחד יש לו מחיצה בפני עצמו. נמצא כי בשליש עליון של תפארת של הז"א הם מתפצלים לג' פצולין כנודע. ואם כן כאשר הב' חסדים העליונים מן החמשה חסדים רוצין להתפשט בב' זרועות של ז"א, הם אינן יכולין להתפשט בתוכם, כי הם עומדין בתוך יסוד דאמא, והוא מוקף מחיצות. ואם כן איך יעברו אותן מחיצות כדי ליכנס תוך הזרועות ההם, והרי אין לו פתח שיוכלו לצאת בו, רק למטה בפי היסוד, במקום החזה ששם הוא למטה מן הזרועות, ואם כן איך יכנסו אלו החסדים תוך הזרועות, והרי אמרנו תמיד כי חמשה חסדים מתפשטים מחסד עד הוד. אמנם האמת הוא כי אלו ב' חסדים הראשונים מן החמשה חסדים אינם יוצאין מן היסוד כלל, רק נשארין שם, ומשם עוברת הארתן דרך מחיצה ומאירין בב' הזרועות, והארתן מתפשטות תוך הזרועות, אך החסדים עצמם אינן יוצאין ומתפשטין חוץ מן היסוד תוך הזרועות, **ושמור כלל זה בידך**. אמנם כל שאר החסדים הם מתפשטין במקומן עצמן, נמצא כי ב' החסדים ראשונים ושליש עליון דחסד דתפארת הם סתומים תוך יסוד אמא, וב' חסדים תחתונים וב' שלישי החסד הג' שבתפארת הם מגולין, ואינם מוגבלים תוך מחיצת יסוד אמא. לכן מקבל ז"א הארתן מגולה, כי ב' חסדים וב' שלישים יורדין ויוצאין לחוץ מיסוד אמא, ולכן כשיוצאין מפי יסוד אמא שהוא במקום החזה, שאין להם משם ולמטה שום מחיצה כדי שיעכב מרוצתן, לכן הם רצין ברגע אחד, ויורדין במרוצה גדולה ונופלין דרך קו היושר עד היסוד דז"א, ואינן פונין אל הצדדין להתפשט במקומם, שהם בנצח הוד, ואז כשיורדין ביסוד דז"א חוזרין ועולין מתתא לעילא, כנודע בדרך טבע

שכל הזורק מלמעלה למטה במרוצה גדולה, הוא חוזר למעלה מכח תוקף ההכאה גדולה שהכה בארץ, וזה פשוט. ואחר כך בדרך עלייתן הם מתפצלין לג' קוין, זה עולה בתפארת, וזה עולה בנצח, וזה עולה בהוד, כי כן דרך שלהבת או עשן כשהוא עולה ממטה למעלה, ומצא מקום פנוי ואויר בלתי מחיצות מתפשט לכל הצדדין, ועולה ומתפצל למעלה. וכבר בארנו כי יסוד דז"א נקרא כל, לפי שיש בו כללות חמשה חסדים, אם כן מוכרח הוא שיהיה ביסוד מקום כדי לקבל כל החמשה חסדים. והנה כשיורדים אינם יורדין רק ב' חסדים וב' שלישי חסד לבד, שהוא בחינת נצח הוד וב' שלישי תפארת, אלו נופלין תוך היסוד. והנה אחר שיש ביסוד דז"א מקום הראוי לקבל כל החמשה חסדים. ואינו יורדין אלא ב' חסדים וב' שלישים. אם כן בודאי הוא כשיורדין הב' חסדים וב' שלישים הם יורדין למטה בתחתיות היסוד, במקום הראוי לג' חסדים תחתונים, ונשארין ביסוד למעלה ממנו בראשיתו מקום לסבול ב' חסדים ושליש מיסוד חלל ופנוי, כי אותן החסדים ירדו למטה, ונשאר מקום חסד, גבורה, ושליש עליון דתפארת פנוי. ועתה אבאר ענין ירידת הגבורות, כי הלא הגבורות אינם ממתינין לירד עד אחר עליית החסדים, רק אחר שירדו ויצאו החסדים, תכף הגבורות יצאו וירדו אחריהן, ובכל גוף ז"א אינם מוצאות מקום להתפשט בו כי כבר נתפשטו בו החסדים, ולכן כשיוצאין יורדין כל החמשה גבורות ונופלין ביסוד דז"א. גם הטעם כי הגבורות הם צריכין להתפשט בגופא דנוקבא כנודע, ולכן אינם מתפשטין בגופא דז"א. וב' טעמים הנ"ל אחד גרם את חבירו, כי לפי שרצה המאציל העליון שיתפשטו הגבורות לנוקבא, לכן הוציא והוריד החסדים תחלה מפי יסוד דאמא שהוא צר, שכשיצאו הגבורות לא ימצאו מקום להתפשט וירדו ויתפשטו בנוקבא, וכדי שירדו החסדים תחלה עשה פי היסוד צר, ויתברך שמו של הקב"ה כי לו נתכנו עלילות כדי שירדו זה תוך זה, וזה תוך זה. וענין ירידת גבורות תוך יסוד ז"א, הענין הוא כי הלא הנוקבא עומדת באחורי ז"א כנודע. והנה מנצח הוד דז"א מפרקים עליונים נעשה בה חו"ב, ומיסוד נעשה בה סוד הדעת, כמבואר אצלינו כי בדעת דנוקבא שם הוא התקבצות חמשה גבורות, והם יוצאות ומאירות מן יסוד דז"א אל הדעת שלה, המכוון כנגדה מאחוריו כנודע. ולכן הם יורדין עד היסוד, והנה כשיורדות אלו הגבורות ביסוד ז"א הם יורדין אחת לאחת זו על גבי זו ולא כסדר הקוין, כי הם יוצאין מיסוד אמא אחת לאחת, נמצא שיורדין חמשה גבורות זו על גבי זו. וייוצאת גבורת החסד, ועליה גבורה דגבורה, ועליה גבורה דתפארת, ועליה גבורה דנצח, ועליה גבורה דהוד, זו למעלה מזו. והענין שהיותר גדולה וחשובה יוצאת ראשונה, ולכן בראשונה יוצאת גבורת החסד, והאחרונה שבכולן היא גבורת ההוד, נמצא גבורת החסד היא תחתונה מכולן, וגבורת ההוד עליונה מכולן. והנה כשיורדת ביסוד גבורת החסד שיורדת תחתונה מכולם, היא יורדת למטה ביסוד, שהיא מקום שעומדת שם חסד של ההוד. וגבורה דגבורה יורדת ונכנסת במקום חסד של נצח. וגבורת תפארת יורדת ונכנסת במקום חסד של תפארת. וגבורת נצח יורדת במקום חסד של גבורה, אף על פי שאינו שם, שהוא מקום פנוי כנ"ל. וגבורת ההוד נכנס במקום חסד דחסד, אף על פי שגם הוא אינו שם, והוא מקום פנוי. ונמצא כי שלש גבורות פחות שליש אחד, שהם גבורת החסד, וגבורה דגבורה, וב' שלישים גבורת התפארת אלו דוקא פוגעין, ונכנסו במקום שיש חסדים שם, ומתערבים ומתמתקין שם הדינין שלהם, עם רחמי חסדים תחתונים, שהם גבורות החסד, והגבורה דגבורה, וב' שלישים תחתונים של תפארת. אלו הם נמתקים עם הג' חסדים תחתונים פחות שליש החסד, שהם חסד ההוד, וחסד דנצח, וב' שלישים חסד דתפארת. ואמנם נשארו ב' גבורות ושליש אחד מן התחתונים, שהם גבורות הנצח, וגבורת ההוד, ושליש תפארת שלא נמתקו, כי הם נכנסו במקום פנוי וחלל, שהוא מקום חסד דחסד, וחסד דגבורה, ושליש חסד תפארת. ולהיות שם מקום פנוי בלתי חסדים, כי החסדים האלו נשארים למעלה מכוסים, ולא ירד כנ"ל. לכן נשארו אלו בלתי מיתוק, הרי כי ברדת החסדים קודם שחזרו לעלות המתיקו ג' גבורות ראשונות פחות שליש אחד, ונשארו ב' גבורות תחתונים ושליש אחד בלי מיתוק. נמצא כי כשירדו הגבורות ירדו זו על גבי זו, לא דרך קוין. אמנם אחרי הכנסתם ביסוד ונתפשטו שם במקום החסדים כנ"ל, אז נעשו ביסוד בסוד קוין, כי הלא מקום החמשה חסדים שם ביסוד, אינו זו למעלה מזו רק בדרך קוין, ולכן כשנכנסו שם אלו הגבורות נעשין גם הם דרך קוין כמו החסדים. אמנם החסדים הם באופן אחר כשיורדין הם בדרך קוין, וההחזרתן לעלות ממטה למעלה אז הוא בב' פנים. וביאור ענין עליית זו היא באופן זה, כי תחלת העליות הם מתקבצין ועולין דרך קו האמצעי, ואינן עולין דרך קוין, רק מתקבצין ועולין דרך קו האמצעי דרך תפארת, ועולין ג' חסדים דרך תפארת. והטעם שאם יתפשטו ויעלו דרך קוין, יחזרו הגבורות אשר שם להתמתק פעם ב' דרך עלייה, וישארו אלו הגבורות ממותקים ב' פעמים, ושאר הגבורות לא יתמתקו כלל, כי אף על פי שכשיעלו החסדים דרך העלייה, גם כן יעברו דרך אותן הגבורות, לא יש בהם כח בחסדים

העולין למתקם, כי המיתוק שהיו יכולין לתת בהם כבר נטלו אותן הגבורות הראשונים בפעם ב', כי בתחלה נתנו או"א כח בחסדים אלו למתק הגבורות פעם אחד, וגם כדי להגדיל את הז"א עד הכתר שבו בדרך עלייה, ואם היה המתוק ניתן אל אותן גבורות הראשונים בפעם שניה, לא היתה בה כח להמתיק לאותן גבורות התחתונות, והיו נשארין בלי מתוק כלל, וגבורות הראשונים היו נמתקין ב' פעמים. לכן עלו אלו החסדים דרך קו אמצעי, ואחר הגיעם אל התפארת אז יתפרדו ויתפצלו לב' קוין, ויטלו דרך קוי חג"ת, ואז פגעו שם ב' גבורות ושליש בלתי ממותקות העומדין שם, ואז מתמתקות עם אלו החסדים העולין דרך עלייה, נמצא כי ג' גבורות פחות שליש נמתקו דרך ירידת החסדים, וב' גבורות ושליש נמתקו דרך עליית החסדים ממטה למעלה.

כי כה המתוק שנתן או"א באותן החסדים כדי למתק הגבורות, ואלו היו עולין בדרך קוין, היה נותן לאותן הגבורות ב' מיתוקין, ולא היה בה נשאר כח המתוק להמתיק גבורות אחרים כנ"ל. וגם לא היה בהם כח לעלות עד כתר דז"א כדי להגדילו כנ"ל, בדרך עלייה. לכן עלו בדרך הנ"ל, ואחר כך עלו יותר למעלה מכל שיעור יסוד ז"א, ואז אותן ג' חסדים פחות שליש הם נחלקין לג' קוין, וזה עולה בתפארת, וזה עולה בנצח, וזה בהוד, כי כן טבע עשן או שלהבת העולה ממטה למעלה במקום מגולה, שאינו עולה מקובץ אלא מתחלק ומתפצל אל הצדדין.

ע"ח ח"ב שכ"ה דרוש ג ד"ח ע"ד - והוא כי הנה נתבאר לעיל כי חמשה חסדים אשר נתבאר בדעת, כבר נתפשטו למעלה בחמשה ספירות של הצלם עצמו, קודם שנכנס להיות מוחין פנימים אל הז"א, והם בחג"ת נ"ה שלו, של הצלם. והנה נתבאר גם כן בדרוש הקודם, כי החסדים בהיותן סתומים ביסוד תבונה אינם מתפשטין עד שיתגלו ויצאו מפי העטרה ההוא, אם כן נמצא כי בשש שנים הראשונים, בהיותן נכנסין הפרקין של נה"י דתבונה בז"א, גם החסדים הנ"ל המתפשטין בהם היו נכנסין בז"א, כל אחד במקומו, בכל פרק ופרק, וזה היה עד השלמתו לשש שנים. אמנם בג' שנים אחרונים שהם ז', ח', ט' ויום א', יורדין ג' חסדים התחתונים פחות שליש, שאלו תמיד הם מגולין כנ"ל בדרוש, ואז ירדו אלו כל אחד במקומו האמיתי, אך עם כל זה אינו ראוי להוליד, אם לא דרך מקרה, אך עיקר ההולדה הוא אחר כניסת החסדים עצמן, שהם לנצח הוד וב' שלישים תחתונים של תפארת דז"א עצמו. נמצא כי ג' חסדים פחות שליש המגולין כנ"ל, כל אחד עתה במקומו, ואף תכף אחר ט' שנים ויום אחד כולן יורדין ביסוד דז"א, כי ב' חסדים ושליש העליונים הם סתומים ביסוד תבונה כנ"ל. והנה נתבאר לעיל כי המים המגדלין האילן הם החסדים, הנקרא מים, וצריכין **לחזור ולעלות ולהגדיל כולו**, זולת מה שהם ממתקין הגבורות בעת עלייתן כנ"ל בדרוש, ואין פה מקום ביאורן, רק פה נאמר ונבאר איך מגדילין את ז"א עצמו, דוגמת המים הנכנסין בשורש האילן, ומשם יונק האילן שהוא ז"א הנקרא אילנא דחיי, ועולין ממטה למעלה להגדילו, והבן זה. לכן דע גם כן כי תמיד נשארין אלו השלוש חסדים פחות שליש המגולין ביסוד ז"א, ועולה אורם החוזר ממטה למעלה, להאיר ולהגדילו. גם דע כי כל זה הוא עתה בעת הגדלות דז"א, אמנם בעת הזווג אז **כל החמשה חסדים** יורדין ביסוד דז"א לצורך הזווג, והבן זה. ואמנם עליית החסדים האלו אין צריכין זמן, כי תכף מכח המרוצה הגדולה של הירידה, חוזרין ועולין ברגע עד שליש העליון דתפארת דז"א, אשר שם עטרת יסוד תבונה, ומכח העלייה זו שעלו תוך שליש עליון ההוא עצמו, ומצאו שם הב' חסדים ושליש המכוסים, ואז הגדילו אותן, ונתוסף בהם אור, כי הנה שרשן עומדים בעטרת יסוד דתבונה, ומשם משלחין)הב"ח(את אורם אל הב' זרועות דרך מחיצות עטרא דתבונה כנ"ל, כי שם בשליש עליון דתפארת שם הוא עטרא דתבונה, ושם היא פצול והתחלקות ב' זרועות. ואמנם הגדלה זו יתבאר למטה בשנים של י', י"א, י"ב, י"ג, כמו שנכתוב בע"ה, כי משם יובן היטב ענין הגדלת זו. ונמצא עתה שכבר כל הז"א נשלם כולו, וגם התפשטות חמשה חסדים בחמשה ספירות שלו, בחג"ת נ"ה, וגם הגדילו הב' חסדים ושליש עליון, שהם חסד דחסד, וחסד דגבורה, ושליש עליון דחסד תפארת, כמו שנכתוב בע"ה לקמן הגדלתן.

שער הכוונות, דרושי העמידה, דרוש ב', קונה הכל – גם תכוין במלת הכל, כי כל בגימטריא חמשים, שהוא כללות החמשה חסדים הנמשכים ביסוד דז"א. וכל אחד כלול מעשר כנודע. וגם מתפשטים ויורדים בתוכו החמשה גבורות לצורך רחל נוקבא דז"א, וזה נרמז במלת הכל, **ה'** לנוקבא, **כל** ליסוד עצמו דז"א. וכל מציאות התפשטות זה החסדים וגבורות אלו הם **ביסוד** עצמו.... אמנם אין הדבר כן, אלא שבפעם אחד יורדין עד חג"ת דז"א, וזה נרמז במלת קונה הכל, כי הכל נגמר ברגע אחד, ובנסיעה אחת, ואין צורך אל נסיעה אחרת כמו באימא. והטעם לזה הוא כי עתה אנו מעוררים את האור העליון דמזלא עלאה קדישא דאריך, שהוא תיקון י"ג של ונקה, שהוא אותיות קונה ממש, ועל ידי אור גדול הנמשך עתה מזה המזל במוחין דאבא, יש להם כח גדול לרדת במרוצה בנסיעה אחת, ולא יצטרך לב' מסעות..... וגם נרמז שנית במלת קונה הכל, כי הוא קונה בסוד

במערכת ירידת החסדים **היסוד אינו בכלל הו"ק** ר"ל שהיסוד הוא לא קצה דומה לשאר חמשה הקצוות

דז"א, כי חג"ת נ"ה מקבלים כל אחד חסד פרטי, מה שאין כן היסוד, **כי אינם** צ"ל[81] אינן **רק זחמשה**

זסדים הנמשכים מיסוד דאימא המתלבש בדעת ושליש התפארת העליון דז"א, ושורשם של חסדים אלו בדעת

דז"א, **(נ"א קצוות)** וחמשה החסדים הנ"ל מתפשטים משורשם בסוד ענפים **מחזסד עד הוד** דז"א, וכל

אחד מהספירות האלו יש לו חסד פרטי, **אך[82] היסוד** דז"א **אינו לוקחז זחסד פרטי לעצמו** לכן

הוא נקרא אבר מת[83], **רק** שהוא מקבל את חלק החסד שלו על ידי **שנכללין[84]** בו, ר"ל נותנים לו הארה **כל**

ונקה, בסוד מזלא עלאה דדיקנא דאריך, אשר הוא מוציא את הכל שהוא היסוד כנזכר. גם תכוין במלת הכל כי

כל בגימטריא חמשים, שהוא כללות החמשה חסדים הנמשכים ביסוד דז"א, וכל אחד כלול מעשר כנודע. וגם

מתפשטים ויורדים בתוכו החמשה גבורות לצורך רחל נוקבא דז"א, וזה נרמז במלת הכל, **ה'** לנוקבא, **כל**

ליסוד עצמו דז"א. וכל מציאות התפשטות זה החסדים וגבורות אלו הם ביסוד עצמו.

81

כך הגירסא באוצרות חיים.

82

איפה שלימה ד"ג ע"ג)יג(– אך היסוד אינו לוקח חסד אחד פרטי וכו'. עיין להרב יוסף דעת ז"ל שכתב

וז"ל – פירוש פרטי דומייא דכל חסד וחסד מהחמשה, כי אין במציאות כל אחד חמשה אבל אין הכי נמי, יש

לחלקו חסד שכלול מחמש חסדים. ואחר כך החמש קצוות נותנים לו כל אחד הארה ממנו ומחלקו, ואז היסוד

נכלל מהם גם כן, מלבד התכללות של חלקו. ובזה יובנו גם כן כונת התפלות בעניין התפשטות החסדים

ביסוד, עד כאן לשונו.

83

פרי עץ חיים, שער הלולב, פרק ג' – אמנם מה שמשקה תמיד לגוף ומגדילו, הוא בחינת החסדים, שמהם

טפת הזרע, ושרשה ומשכנה הם בדעת, ובדעת כתיב - ובדעת חדרים ימלאון, שהם מתפשטין להשקות הגוף

להגדילו, וזה אינו ראוי אלא לדעת, שששרש כל הגוף, נרמז ונשרש בדעת. ולזה, כל מי שאין בו דעת אסור

לרחם עליו, גם בלא דעת נפש לא טוב, שהנפש צריכה להחיות. ואם כן כל שורש החיות הזו', חיותם גנוז בדעת,

ומשם יתפשט החיות, ומגדיל כל הז'. ולעולם העיקר והשורש נשאר, ואינו מתפשט, אלא במעשה התחתונים,

והתעוררותם במעשה למטה, מתעוררים מדרגות עליונים. להוציא רבוי אור הדעת, ומרבוי אור שבגוף בו,

משפיע ומוסיף התפשטות גדול לכל לכל ז' ספירות. וזה סוד הדעת כלול מחו"ג, וכל הזווגים אינו נעשים אלא על

ידי אלו מ"ד ומ"נ, והם חמשה הויו"ת פשוטים. **זכור** לזכר לחג"ת נ"ה. **אמנם יסוד ומלכות, פירוש העטרה,**

אין להם חסד כמו החמשה, כי החסדים אינם אלא ה', וכן הגבורות. ומלכות שנתפשטים בחג"ת נ"ה שלה,

כמו החסדים בזכר. **אמנם יסוד מלכות, יורד להם כללות הארות החמשה ליסוד, וכן לעטרה יורד גם כן**

כללות, להיות להם הכנה לקבל החסדים עצמן. וכן יסוד מלכות דנוקבא, גם כן יש להם הגבורות, כדי שיקבלו

הגבורות עצמן. והנה זה בא להם מדעת, כללות אור המתפשט תוך היסוד, ועשה בו הכנה כדי לקבל אחר כך

טפת זרע וכללות, שאם לא בא להם אותן כללות מהדעת, לא היו יכולין אחר כך לקבל החסדים עצמן, בסוד

טפת זרע כנ"ל. וגם כן למלכות ממש בבינה מהגבורות, שהגבורות מגדילים אותה כמו החסדים לזכר. והנה עת

דודים, לגלות לך סוד אחד, והוא שצריך לשאול, למה לא יש רק חמשה חסדים לחג"ת נ"ה, וליסוד מלכות לא

יש רק כללות כנ"ל, יעשה המאציל שיהיה ז', לכל אחד חסד אחד, וכן הגבורות. וסוד ענין שכל איברי הגוף

ידים ורגלים, הם עושין בהתמדה, **אמנם היסוד אין בו מעשה גשמי אלא רוחני, ובעת קצוב מזמן לזמן**

אינו אלא אבר מת, רק בעת הזווג. לזה אמרו בפירוש אתילד יוסף, פירוש כשרוצה להזדווג. **ומתפשט בו כל**

האורות, אז אתילד בכל עת הזווג. ולזה נקרא יוסף נער, ודוגמתו במט"ט, שנאמר עליו נער הייתי וכו', שכל

מציאותו הוא בסוד רוחניות, **וכלי שלו אינו משמש אלא לקבל אור בלבד לעת הזווג, בסוד פנימית.** ולזה

יש לו כח לעלות למעלה בדעת עצמו, שכמו שהדעת אינו אלא בית קיבול לאלו האורות, ואין פעולתו ניכר

אלא בזווג, כך היסוד. ולא ככל האיברים כשמגיע היסוד אין התעוררות, וכשמגיע היסוד בידו, ששם ביסוד

כללותן, מתעורר. ולזה לא יש אבר צנוע ונסתר בכל הגוף, אלא זה, לפי שכל פעולתו הם בהסתר, ונקרא

הַחֲמִשָּׁה החסדים שבחמש **קְצָווֹת,** ומאירים **בּוֹ** בזמן הזיווג, לכן היסוד[85] נקרא **כּל**[86] כי מאירים בו כל חמשה הקצוות שמעליו, וכל הארה כלולה משיעור קומה של עשר ספירות, שהם בגימטריא כל **(נ"א הֹו"ק בֹּו).** **נמצא** (לֹ"ג שֵׂכֶל) **כּי** חמשה החסדים מתפשטים בחג"ת נ"ה דז"א דעקודים, הנקרא רוח, ו**בְזוִינַת** **כּללוּת** שהיא הארה[87] **שֶׁל הָרוּחַ** מתפשטת מהחמשה קצוות ליסוד דעקודים, והארה מהיסוד דעקודים, שהיא

רקיע, שבו כוכבים ומזלות, שכל נשמות העולם בו מתגלים, והוא עולה ומוריד להם משרשם שבדעת, ומשפיע בהם למטה על ידי הנוקבא.
84

כְּלל – כללות היא בחינת הארה, והיא בחינת המלכות של אותו שיעור קומה.
85

כרם שלמה ש"ו פ"ג אות י"ד – עכשיו בא לפרש מה שאמרנו לעיל, כי בצאת היסוד נתגלה הארה במלכות, זאת ההארה היא נקראת בחינת כללות הרוח, ולא קצה אחד מן קצוות הרוח. ונותן טעם לדבר למה זה אינו נקרא קצה הרוח, ואמר כי היסוד אינו מכלל הו"ק וכו'. פירוש, כמו שכתוב במקום אחר כי היסוד נקרא כל, כמו שכתוב – כי כל בשמים ובארץ, לסיבת נטילתו של הכללות החסדים המתפשטים בחמשה קצוות, שהם החסד, והגבורה, והתפארת, והנצח, וההוד. והטעם כי תיבת כל לשון כללות, והסוד הוא כי הואיל ונוטל ההארות של כל החמשה חסדים, וכל אחד כלול מעשר, נעשו חמישים, גימטריא כל, **ולזה היסוד נקרא כל.**
86

היסוד נקרא **כּל**, כי הוא כולל את הארת חמשה הקצוות שמעליו, שכל אחד בעל עשרה ספירות פרטיות, והכל ביחד גימטריא כל.
לך הוי"ה הגדלה)חסד(, והגבורה)גבורה(, והתפארת)תפארת(, והנצח)נצח(, וההוד)הוד(, כי **כל**)יסוד(, בשמים ובארץ)מלכות(, לך הוי"ה הממלכה והמתנשא לכל לראש.
שער הכוונות, דרושי תפילת השחר, דרוש א' – גם צריך ליתן צדקה בכל בקר, בסוד ואני בצדק אחזה פניך, קודם שיתפלל תפלת י"ח, וצריך לתת תחילה ביד הגבאי שני פרוטות ביחד, אחד כנגד לאה, ואחד כנגד מלכות דבינה שבתוך ראש ז"א, אשר ממנה יוצאת לאה כנזכר, ולכן שני הפרוטות אלו נתנים ביחד. ואחר כך נותן עוד ביד הגבאי פרוטה ג' כנגד רחל נוקבא תחתונה דז"א, והענין הוא כי שלש בחינות אלו כל אחד מהן נקרא צדק, אשר זהו בסוד הפסוק צדק צדק תרדוף כו', כנזכר בתיקונים, שהם צדק עילאה וצדק תתאה, שהם לאה ורחל, וגם מלכות דבינה נקרא בכלל צדק עילאה, אבל להיות שהיא עצמה היא בחינת לאה, לכן לא נזכרה גם היא בפסוק בפני עצמה בשם צדק שלישי, כי אם ב' פעמים צדק בלבד. ותכוין כי הם צדק שהם דינין, כנזכר באדרת האזינו, וז"ל - כד אתער צדק בשלהובוא כו', ועל ידי צדקה זו שנותן נעשית צדקה, כי צדקה היא רחמים כנודע, ולכן צריך ליתן צדקה עתה מעומד, והטעם הוא לפי שהצדקה היא מצווה עשה ראוי לעשות המצות מעומד. עוד טעם אחר, כי כיון שהטעם הוא כדי לתת צדקה לעני, שהיא השכינה והמלכות כנזכר, והנה המלכות נופלת לארץ בעוונותנו הרבים, ולכן צריך שיתננה מעומד, ויכוין להקימה ולהעמידה מעומד על ידי הצדקה שהוא התפארת דכורא, כמו שאומר הכתוב - משפט וצדקה ביעקב אתה עשית. ולהיות שצדקה זו ניתנת מן התפארת למלכות שהיא **על ידי היסוד**, לכן צריך ליתנה ביד הגבאי צדקה, שיסוד נקרא גבאי צדקה, שהוא היסוד דאימא או יסוד דז"א, אשר הוא גובה כל הצדקה בסוד - **וילקט יוסף את כל הכסף**, והוא נותן לעני שהיא השכינה, הנקרא עני. ומזה הטעם עצמו צריך ליתנה בעת שאומר כי **כל** בשמים ובארץ, שהוא רומז אל **היסוד הנקרא כל**. ופעם אחרת שמעתי ממורי ז"ל, שצריך שיתננה בעת שאומר ואתה מושל בכל, **שהיסוד נקרא כל**, והוא גבאי צדקה, ונותן אותה למלכות אשר גם היא נקרא בכל, **זה כל וזה בכל**, כמו שאמרו רז"ל - בת היתה לו לאברהם ובכל שמה, והוא במה שידעת כי הוי"ה דמילוי ההי"ן היא בגימטריא בכל שהיא במלכות, והכוונה היא שעל ידי צדקה זו שנותן לה היסוד, שהיא שם ב"ן כנזכר יגדל פרצופה ושיעור קומתה.
דברי הימים א' כ"ט י"א – לך הוי"ה הגדלה, והגבורה, והתפארת, והנצח, וההוד, כי **כל** בשמים ובארץ, לך הוי"ה הממלכה והמתנשא לכל לראש.
87

הארה דהארה נמשכת ומתפשטת למלכות דעקודים, **וזה** ר"ל הארה דהארה **הוא** צ"ל היא **שנתגלה במלכות** דעקודים.

הרב ז"ל חוזר לסוגית המוחין דנרנה"י, **וכאשר בא יסוד** כלומר שיצא הנפש דיסוד, הוא גרם להביא למלכות את כללות שהיא הארת חמשה קצוות של הרוח, שהם נפש דרוח[88], **אבל בצאת ההוד**[89], **או הנצח**[90], **וכיוצא משאר ספירות** של חמשה הקצוות, שהם התפארת[91], הגבורה[92], והחסד[93] **אז היה מתגלה** בפרטות **בבזינת כל הקצוות ממש של הרוח במלכות**, ואז המלכות שלימה בבחינת רוח דנפש[94].

הרב ז"ל ביאר כי כאשר המלכות יצאה, היא יצאה מבחינת נפש שלימה, וכאשר היסוד יצא המלכות קבלה את כללות הרוח, שהיא הארת חמשה הקצוות ביסוד, ואחר כך כל חלק מהחמשה קצות שהם, הוד, נצח, תפארת, גבורה, חסד שיוצא ומתגלה מחוץ לפה דא"ק, נתגלה חלק אחד מהרוח במלכות, **והנה כל זה הוא מה שנוגע אל בזינת המלכות** דעקודים, שביציאת כל חלקי הו"ק היא משתלמת בבחינת הרוח, **אמנם מה שנוגע אל הו"ק דז"א** עצמם **הוא באופן זה, כי בצאת היסוד** מפה דא"ק **אז מתגלה בבזינת כללות** שהם הארת חמשה קצוות דז"א, **בבזינת נפש** דרוח בלבד[95] ר"ל ליסוד

כלל – כללות היא בחינת הארה, והיא בחינת המלכות של אותו שיעור קומה. כללות דכללות היא בחינת הארה דהארה, והיא בחינת מלכות דמלכות של אותו שיעור קומה.

[88]

כאשר בא הנפש דיסוד, הוא הביא למלכות את בחינת יסוד דרוח דנפש.

תרשים ג – ל"ד.

[89]

כאשר בא הנפש דהוד, הוא הביא למלכות את בחינת הוד דרוח דנפש.

תרשים ג – ל"ה.

[90]

כאשר בא הנפש דנצח, הוא הביא למלכות את בחינת נצח דרוח דנפש.

תרשים ג – ל"ו.

[91]

כאשר בא הנפש דתפארת, הוא הביא למלכות את בחינת תפארת דרוח דנפש.

תרשים ג – ל"ז.

[92]

כאשר בא הנפש דגבורה, הוא הביא למלכות את בחינת גבורה דרוח דנפש.

תרשים ג – ל"ח

[93]

כאשר בא הנפש דחסד, הוא הביא למלכות את בחינת חסד דרוח דנפש.

תרשים ג – ל"ט.

[94]

כאשר נשלמו לקבל כל חמשה הקצוות את בחינת הנפש שלהם, המלכות נשלמה בבחינת הרוח דליה, הנקרא רוח דמלכות, או רוח דנפש.

תרשים ג – מ.

[95]

אין אור משלו[96], אלא מקבל הארה והחמשה ספירות שמעליו, ובצאת היסוד מתגלה הארת הנפש של כללות הו"ק, ויש הבדל בין היסוד לשאר החמשה קצוות, כי היסוד **לא יצא מבחינת קצה אחד של הנפש, אלא בבחינת הארת חמשה הקצוות**, מה שאין כן בשאר הקצוות, שיצאו מבחינת קצה אחד של הנפש ממש. **אך בבא** ר"ל שיצא **ההוד** דעקודים מפה דא"ק, **או מתגלה** עצמות **קצה אזור דנפש** דרוח דז"א ממש, וכן עד **שנשלמו** יציאת **כל הו"ק** דעקודים מפה דא"ק, כאשר אחרי ההוד יצא הנצח דעקודים מפה דא"ק, ומתגלה עצמות קצה שני של הנפש דרוח דז"א ממש, ואחרי הנצח יצא התפארת דעקודים מפה דא"ק, ומתגלה עצמות קצה שלישי של הנפש דרוח דז"א ממש, ואחרי התפארת יצאה הגבורה דעקודים מפה דא"ק, ומתגלה עצמות קצה הרביעי של הנפש דרוח דז"א ממש, ואחרי הגבורה יצא החסד דעקודים מפה דא"ק, ומתגלה עצמות קצה החמישי של הנפש דרוח דז"א ממש. וכך נשלם ז"א קצה אחרי קצה בבחינת הנפש דרוח שלו, ובאותו זמן ממש המלכות נשלמת בבחינת הרוח דנפש שלה.

מלבד ההבדל שיש בין היסוד לחמשה הקצוות האחרים, שהיסוד מקבל הארה מכל אחד מהחמשה הקצוות שמעליו, **עוד יש הפרש אזור בין היסוד לזהמשה קצוות האזורים** שכל אחד מהחמשה קצוות משפיע עוד הארה ביסוד, מה שאין כן בשאר הקצוות שלא מקבלים השפעה והארה אחד מהשני, וההבדל **הוא כאשר בא** ר"ל יצא **ההוד** דעקודים מפה דא"ק **נתן** אז **כזו כללותו מזהדיש ביסוד** ר"ל הארה חדשה ביסוד **בזהינת נפש לבד, וכן כולם** נתנו הארה חדשה ביסוד מבחינת נפש, ואחרי שיצא ההוד מפה דא"ק ונתן הארה חדשה ביסוד, יצא הנצח מפה דא"ק ונתן הארה חדשה ביסוד, ואחרי הנצח התפארת נתן הארה חדשה ביסוד, ואחרי התפארת הגבורה נתנה הארה חדשה ביסוד, **עד** הקצה האחרון **שיצא** שהוא **הזהסד, וגם הוא נתן בצאתו כזו כללותו ביסוד** שהיא הארה חדשה ביסוד[97].

עד כאן ביאר הרב ז"ל את היחס בין חמשה הקצוות ליסוד, כאשר כל קצה נותן הארה הנקראת כללות ליסוד, כאן הרב ז"ל מבאר את היחס בין החמשה קצוות, קצה אחד לקצה שני, **מה שאין כן בשאר זהמשה קצוות** שהם חג"ת נ"ה, **כי בבא אזור** מהם **לא היה מוסיף שום תוספת** והארה **בזהבירו** מארבעה הקצוות האחרים **כלל ועיקר**[98], **כי כולם שוים**, כי לכולם יש את בחינת החסד הפרטי שלהם,

---

הגהות וביאורים)ג(– א''ה עיין לקמן שער ח' פרק ה'.
96

ע''ח ש''ח פ''ה מ''ת דט''ל ע''א – ונחזור לבאר סדר יציאת ז' מלכים אלו מתוך הבינה, ואיך נשברו, הנה ראשונה יצאו כולם מתוך הבינה והיו כלולים באור הדעת, ונכנסו עמו בכלי שלו. והנה נודע כי)נ''א ז'(מלכים אלו הם בחינת ו''ק דז''א, **וכל אחד אינו גדול מחבירו**, כי כל אחד הוא קצה אחד **גדול כחבירו**, ולכן לא היה כח בשום כלי מהתחתונים לסבול בתוכו יותר מחלק אור המגיע לחלקו בלבד. וכאשר יצאו כולם כלולים בדעת, לא היה יכול הכלי לסבול את כולם, ונשבר וירד למטה כמו שנבאר בע''ה. אחר כך יצאו ו' אורות האחרים בכלי חסד, וגם הוא לא היה יכול לסובלם, ונשבר וירד למטה כמו שנבאר בע''ה. וכבר נתבאר לעיל כי ז' אורות הם, אלא שנצח הוד נחשבין לאחד, כי ב' פלגי דגופא הם. ואחר כך ירדו החמש אורות בכלי של גבורה, וירד גם כן עמהם הרשימו של חסד. פירוש, **כי נודע שכל החמשה ספירות מחסד עד הוד, כל אחד מהם נותן חד רשימו שלו בספירת יסוד, כי לסיבה זאת נקרא יסוד כל. לפי שהוא כולל כולם, ועל כן כל אחד מוריד רשימו חד ליסוד**, ולא יכול לסבול, ומת ונשבר.
97

תרשים ג – מ''א.
98

רק כאשר נשלמו ויצאו מפה דא"ק **כל השֹשֹה** קצוות, שהם חג"ת נה"י דעקודים, **אז נמצא שנגמר** ונשלם **כל הו"א בבזינת נפש** דרוח שלו , ובמלכות בבחינת רוח דנפש שלה.

אחרי שיצאו כל הו"ק בבחינת נפש דרוח, והמלכות קנתה את בחינת הרוח דנפש, יצאה הבינה דעקודים מפה דא"ק. הרב ז"ל לא מזכיר את ספירת הדעת, לא רק כאן בפרקין, אלא בכל דרושי עולם העקודים ודרושי מטי ולא מטי, **ספירת הדעת לא נזכרת**. אפשר לתרץ כי כבר הזכיר הרב את ספירת הכתר דעקודים שיצאה מפה דא"ק, וידוע הכלל כי במקום[99] שמונים את הכתר לא מונים את הדעת, ובמקום שמונים את הדעת לא מונים את הכתר. תרוץ זה הוא דחוק, כי הרב ז"ל מבאר שכל הספירות חזרו לשורשם בפה דא"ק כדי להשתלם, ויצאו כולם בחזרה מפה דא"ק **חוץ מספירת הכתר**[100], כלומר יצאו ט' ספירות, וידוע כי שיעור קומה הוא בין עשר ספירות[101], הקושיה היא למה לא נמנה הדעת ביציאת הספירות בפעם השניה מפה דא"ק. את הקושיה הזאת שלחו חכמי תוניס למרן הרש"ש[102], ולא זכינו[103]

ר"ל כאשר יוצא הוד דעקודים מפה דא"ק הוא מוסיף הארה ביסוד, עם כל זה הוא לא מוסיף שום הארה בשאר הקצוות, וכן שיצא הנצח הוא הוסיף הארה ביסוד, ולא הוסיף שום הארה בשאר הקצוות, וכן הוא שיצא התפארת, גבורה, וחסד כל אחד הוסיף הארה ליסוד, ולא הוסיף כלום לשאר הקצוות.
99

ע"ח שכ"ג פ"ח מ"ק דק"ט ע"ג – ומתחילין מחכמה שהוא ע"ב, ולא מן הכתר הנ"ל, לכן גם כן תבין למה אין הכתר נמנה בכלל של העשר ספירות, אך החכמה נקרא ראשית, כי משם ראשית חיצוניות ז"א, שהוא בחינת ז' מלכים דב"ן, אך הפנימיות והכתר הוא מ"ה עצמו דז"א החדש שלאחר התיקון. לכן בבחינת החיצוניות נחשב כתר דז"א מאמא, ובבחינת הפנימיות נחשב מכלל הז"א. ואמנם החיצוניות דכתר נטלו הדעת דז"א הנעשה מב' שלישים ראשונים דתפארת דז"א כנזכר במקומו, ולכן הדעת משלים לעשר ספירות במקום הכתר, וזהו בבחינת חיצוניות, אך בבחינת הפנימיות הכתר הוא מכלל העשר ספירות דז"א, **לכן אל תתמה אם אנו מונין לפעמים הדעת במנין י' ספירות, ולפעמים הכתר, כי זה בחיצוניות וזה בפנימיות.**
100

בפרק זה הרב ז"ל מבאר כי לא יצאה ספירת הכתר בפעם השניה מפה דא"ק, אלא נשארה בפה, ורק ט' ספירות יצאו. וז"ל בפרק זה - התשובה בזה הוא כמו שכתוב במקום אחר כי לא חזרו כל העשר ספירות שנתעלו למקורם לחזור ולירד כולם. **אמנם הט' תחתונים לבדם ירדו, והעליונה שהוא הכתר נשארה תמיד עם המאציל.**
101

ספר יצירה פ"א משנה ג' – עשר ספירות בלימה **עשר ולא תשע, עשר ולא אחת עשר**, הבן בחכמה וחכם בבינה, בחון בהם וחקור מהם והעמד דבר על בוריין, והשב יוצר על מכונו.
102

נהר שלום דכ"ט ע"ג, שאלה ב' – מדוע לא נזכר **דעת בעולם העקודים** עם היות שלא נמצא בו הכתר שנשאר בשורשו בפה א"ק, כמבואר בשער הקדמות בענין מטי ולא מטי.
103

יש תרוץ מתלמידיו של הרש"ש רבי חיים דילהרוזה, ומהשמן ששון, והם תרוצים עמוקים ודחוקים.
תורת חכם דקמ"ד ע"א – וזהו הטעם שלא הוזכר גם כן דעת בעקודים, מפני שהרב דיבר בכל ספירה מעשר ספירות דכל ספירה דעקודים. רצוני דכל פרצוף דעקודים ובכללם הדעת, כי דעת פרטי לא יש, כי הדעת הפרטי הוא נשמת הו"ק, וכן הדעת דפרטי דחו"ג דחו"ב, כמו שכתוב בפירוש הדעת. וכן ב' שלישים העליונים דתפארת שכתב שעולה בגדלות להיות בחינת דעת, לא כתב הרב ז"ל ענין המשכת המוחין בפרצופי העקודים, כדי שיכתוב זה הענין שם, ובודאי שכן הוא גם כן בפרצופי העקודים.
שמן ששון ש"ו פ"ג די"ג ע"ב אות ט"ז – ואחר כך עלה החסד במקום כתר וכו', עיין בנהר שלום דכ"ד)דף כ"ט ע"ג(בשאלות לחכמי המערב, שאלה ב' ז"ל - מדוע לא נזכר דעת בעולם העקודים, עם היות שלא נמצא בו הכתר שנשאר בשורשו בפה דא"ק, כמבואר בשער מטי ולא מטי, עד כן לשונו. ומצאתי כתוב אצלי תירוץ לזה, והוא דידוע מכמה מקומות ומדרושי הדעת המובא בנהר שלום דף קט"ז סוף ע"ב)דמ"א ע"ב(ומשער הכוונות דרוש העמידה במילת אלה"י אברהם, ובעץ חיים שער כ"ה פרק ו', דהדעת הוא נמשך ממוח הדעת דאבא ודאימא, וכן מבואר בדרוש המלבוש, והביא משל לזה יעיין שם, ובסופו כתב דנמצא מהחיבור

לתשובתו של רבינו הרש"ש. **ואזור כך** ר"ל אחרי שיצא החסד דעקודים מפה דא"ק, שהוא הקצה האחרון מו"ק דז"א **יצאה הבינה**[104] דעקודים מפה דא"ק **בבחינת נפש** דבינה בלבד **לעצמה** שהיא בחינת נפש דנשמה, וביציאת הבינה ב**בחינת** נפש דנשמה, באותו זמן בחינת **רוח** דרוח ניתן **לז"א** שהוא בחינת חג"ת דה"י, ובאותו זמן ניתנה **בחינת נשמה** דנפש **למלכות,** וכאן[105] יש חידוש שהפרצופים התחתונים הם בעלי מעלה יותר גדולה מהעליונים, כמו שביאר הרב ז"ל בפרקין **שזו"ן יותר גדולים מאו"א** ועומדים פנים בפנים, ויכולים להתייחד, לעומת או"א שעדיין נמצאים אחור באחור ◆

ואזור כך יצאה החכמה[106] דעקודים מפה דא"ק **בבחינת נפש** דחכמה **לעצמה** והיא נפש דחיה, ונשלם **בבחינת**]דכ"ו ע"ב 51[**רוח לבינה** והיא רוח דנשמה, ונשלם **בבחינת נשמה לז"א** והוא נשמה דרוח, ונשלם **בבחינת חיה למלכות** והיא חיה דנפש ◆

אזור כך יצאה הכתר[107] דעקודים מפה דא"ק **בבחינת נפש** דכתר **לעצמה** והוא נפש דיחידה, ונשלם **בבחינת רוח** דחיה **לאבא** שהוא חכמה, ו**בבחינת נשמה** דנשמה **לאמא** שהיא הבינה, ו**בבחינת חיה** דרוח **לז"א**, ו**בבחינת יחידה** דנפש **למלכות** והיא נשלמה בכל בחינות הנרנח"י הפנימים, עם כל זאת חסרים לא אורות מקיפים, שהם מקיפי החיה והיחידה ◆

והרי כי בבוא ר"ל יצא **כתר** דעקודים **שהוא** צ"ל שהיא **אזורונה מכולם, לא יצאה כי אם בבחינת נפש** דיחידה בלבד ◆ **וזה** הפירוש השני[108] של **סוד הפסוק נשבע הוי"ה**

הזה דאו"א יצא ספירה אחת ששמה דעת, אבל אם החכמה יחזור ליקח החסדים היוצאים ממנו, והבינה גם כן תחזור תקח הגבורות היוצאות ממנה, לא יהיה עוד דעת כלל, ומפני זה אינה נמנית עמהם, כי אין הנקודה נאצלה מאין, יע"ש. ובזה מתורץ והוא דכאן בעולם העקודים כל ספירה וספירה אינו עומד במקומו, יען מטי ולא מטי עולה לשורשה, ונמצא דכשעלה חכמה אין תולדת הדעת, זה נראה לעניות דעתי.
104

תרשים ג – מ"ב.
105

ע"ח ש"ו פ"ג מ"ת דכ"ו ע"ג – והנה כאן בעולם העקודים היו זו"ן **גדולים מאו"א.** כי זו"ן היו פנים בפנים ואו"א היו אחור באחור, והענין כי הנה זו"ן השלימו כל צרכם הצריך להם. שהם חמשה אור פנימי וב' מקיפין, קודם שחזרו לעלות במאצילם, מה שאין כן באו"א, כי עדיין לא היו שלימים, שהרי לאבא לא היו רק ג' פנימים לבד ובלי שום מקיף, ולאימא לא היה רק ארבע פנימים ובלי שום מקיף. ועוד כי אפילו קודם שתחזור שום ספירה להתעלות במאצילה, כבר היה מה שצריך להם אל זו"ן **לצורך הזווג.**
106

תרשים ג – מ"ג.
107

תרשים ג – מ"ד.
108

כאן הרב ז"ל מבאר פסוק זה, לא על דרך פירושו הראשון בתחילת פרק זה, כאן מדובר רק על ספירת הכתר שיצאה אחרונה, ורק לה יש את בחינת הנפש. לכן לפי ביאור זה, נשבע הוי"ה בנפשו, **נשבע הוי"ה** שהוא

שהוא עולם האצילות **בְּנַפְשׁוֹ** הוא כתר דעקודים, **עַל דֶּרֶךְ הַנַּ"ל** בפירוש הראשון, **וַאֲפִילוּ**[109] בְּזוֹזִינָה זוֹ שֶׁל נֶפֶשׁ הַכֶּתֶר לֹא נִשְׁאֲרָה בָּעוֹלָם הַנְּקוּדִים לא גורסים צריך לגרוס עַקוּדִים (עַקוּדִים) כַּנַּ"ל, כִּי זוֹזְרָה בחינת הכתר לְהִתְעַלֵּם אור ספירת הכתר בשורשה שהוא בפה דא"ק, וְנִשְׁאֲרָה דְּבוּקָה בִּמְקוֹמָהּ ובשורשה בַּמַּאֲצִילָה[110] שהוא פה דא"ק[111].

דרוש זה מקורו מספר אוצרות חיים וצריך לכתוב מ"ת בראש הדרוש.

וְאָמְנָם בְּבוֹא ר"ל כאשר יצא הַכֶּתֶר דעקודים מפה דא"ק, **נִמְצָא** שספירת הַמַּלְכוּת שְׁלִימָה מִכָּל זוֹמִשֶּׁת הָאוֹרוֹת הַפְּנִימִיִּים שֶׁהֵם נַרנ"ז[112] וחסרה מב' האורות המקיפים, שהם מקיף דחיה ומקיף דיחידה, וְעַתָּה הָיוּ זוֹסְרִים עֲדַיִן אורות פנימיים ומקיפין כָּל הַסְּפִירוֹת של העקודים **כּוּלָל** המלכות כַּנַּזְכָּר לְעֵיל, שֶׁיָּצְאוּ זוֹסְרִים[112] בְּלִי תַשְׁלוּמִין ביציאת העקודים בפעם הראשונה מפה דא"ק, לכן כולם צריכים לחזור לשורשם בפה דא"ק ולהשתלם, **וְהָיָה זֶה מַמָּשׁ בְּכַוָּנָה גְּמוּרָה.** לעשות התחלת הויות הכלים כַּנַּזְכָּר לְעֵיל בתחלת פרק זה[113]. **וְלָכֵן הוּצְרְכוּ** כל הספירות דעקודים **לַחֲזוֹר וְלַעֲלוֹת אֶל הַמַּאֲצִיל** שהוא פה דא"ק **לְקַבֵּל מִמֶּנּוּ תַּשְׁלוּמֵיהֶן.**

עולם האצילות **בנפשו** הוא כתר דעקודים, שיצא בבחינת נפש. בפירקין ביאר הרב ז"ל את הפסוק הזה בדרך אחרת, והיא **נשבע הוי"ה** שהוא עולם האצילות **בנפשו** הוא עולם העקודים שיצא בבחינת נפש.

ע"ח ש"ו פ"ג מ"ת דכ"ה ע"ד – והנה דע כי כולם יצאו בבחינת נפש לבד. וזה סוד פסוק נשבע הוי"ה בנפשו, כי האצילות הנקרא נקודים כמו שנכתוב, והוא הנקרא הוי"ה, נשבע במי שגדול ממנו, **והוא עולם העקודים, אשר יצאו בבחינת נפש לבד.**
109

בית לחם יהודה ש"ו פ"ג – ואפילו בחינה זו של נפש הכתר לא נשארה בעולם העקודים. כך צריך לגרוס.
110

הגהות וביאורים)ד(– בספר כתב יד כאן מתחיל פרק ג'.
111

כל בחינה עליונה נקראת מאציל בערך הבחינה שמתחת לה. לכן כאן הרב ז"ל קורא לפה דא"ק מאציל, בערך עולם העקודים הנקרא נאצל.

ע"ח ח"ב שמ"ב פ"א דפ"ט ע"ג – ודע כי על דרך זה הוא בכל העשר ספירות שבכל עולם ועולם, וכן בפרטות בכל פרצוף ופרצוף, **כי לעולם כל בחינה ובחינה נקרא עליונה מאציל, ותחתונה נאצל.**
112

כל אחד מהספירות דעקודים היה חסר בבחינות אחרות מהשני. המלכות קנתה את כל הבחינות של הנרנח"י הפנימיים, ועדיין חסר לה ב' מקיפין. ו"ק קנה את בחינות הנרנ"ח הפנימיים, וחסר לו יחידה פנימית וב' מקיפין. הבינה קנתה את הנר"ן הפנימיים, וחסר לה חיה ויחידה פנימיים וב' מקיפין. החכמה קנתה את נפש ורוח, ועדיין חסר לה נשמה, חיה, יחידה פנימיים וב' מקיפין. והכתר יצא בבחינת נפש פנימי בלבד, ועדיין חסר לו את רוח, נשמה, חיה, יחידה פנימיים וב' מקיפין.
113

ע"ח ש"ו פ"ג מ"ת דכ"ה ע"ג – דע כי בעת שיצאו לא יצאו שלימים. וכמו שנבאר בע"ה, וטעם הדבר הוא **כי כוונת המאציל היה לעשות עתה התחלת הויות הכלים)נ"א בתחלה הויות הכלי(, להלביש האור לצורך** המקבלים שיוכלו לקבל. ולכן בהיות שיצאו בלתי שלימים וגמורים, חזרו לשורשן להתתקן ולהשתלם, ועל ידי כך נעשה כלי כמו שנבאר.

הרב ז"ל ביאר כי בעולם העקודים יצאה המלכות ראשונה מפה דא"ק, ואחרי המלכות יצא היסוד, הוד וכו', והאחרון יצאה ספירת הכתר, **ואמנם עתה בחזרה** לפה דא"ק, ששם שורש הספירות דעקודים, **היה** הסדר החזרה להפך מהיציאה, כאשר האור הזך של **הכתר חזור בתחזלת כולם** לפה דא"ק, ואחריו האור הזך דחכמה, ואחריו האור הזך דבינה, וכו', והאחרון חוזר אור הזך דמלכות, **נמצא ש**הכתר **יצא אחרון** מפה דא"ק **ונכנס** הכתר **ראשון** בחזרה לפה דא"ק, **והמלכות היה להיפך, כי** המלכות יצאה **ראשונה מפה דא"ק ונכנסה אחרונה** המלכות לפה דא"ק, וזה **סוד הפסוק**[114] **אני ראשון ואני אחרון. וביאור**[115] **זה הפסוק יצדק** לומר שהוא מתאים **בין בספירת הכתר** ר"ל **אני ראשון** – הוא הכתר שנכנס ראשון בחזרה לפה דא"ק בזמן הסתלקות האורות, **ואני אחרון** – הוא הכתר שיצא אחרון מפה דא"ק בהתפשטות הראשונה, **ובין בספירת המלכות אלא שזה היפך זה** ר"ל **אני ראשון** – המלכות שיצאה ראשונה מפה דא"ק בהתפשטות הראשונה, **ואני אחרון** – המלכות חזרה אחרונה לפה דא"ק[116] בזמן בהסתלקות האורות, **והוא כמו שנודע כי** צירוף אותיות **אנ"י**[117] **הוא** כינוי אל המלכות, **ובהפוכו** ר"ל בהיפוך אותיות אנ"י, צירוף האותיות הוא **אי"ן**[118] שהוא **כנוי אל הכתר.**

114

ישעיהו מ"ד ו' - וכה אמר הוי"ה מלך ישראל וגאלו הוי"ה צבאו"ת **אני ראשון ואני אחרון** ומבלעדי אין אלהי"ם.

115

ע"ח ח"ב שמ"ב פ"א דפ"ט ע"ג – ודע כי על דרך זה הוא בכל העשר ספירות שבכל עולם ועולם, וכן בפרטות בכל פרצוף ופרצוף, כי לעולם כל בחינה ובחינה נקרא עליונה מאציל, ותחתונה נאצל, ואין הנאצל פחות מד' אותיות הוי"ה, אפילו בעשר ספירות פרטיות, ופרטי פרטיות, ויש בחינת אמצעי ביניהן, הנקרא כתר והבן זה מאד. כי בו יובנו כל הדרושים שנבאר, וזהו אני ראשון ואני אחרון, **כי הכתר הוא ראשון והוא אחרון, והוא אי"ן והוא אנ"י**, כי בבחינת מלכות של מאציל אשר בו הוא אחרון, **ונקרא אנ"י שהוא המלכות**, ובבחינת שורש הנאצלים אשר בו **שהוא בחינת כתר הוא הראשון ונקרא אי"ן**, שהוא אותיות אני. **ע"ח ח"ב שט"ל פט"ו דע"ח ע"ד** – ומקור האור לעולם הוא י', וכתר הוא סוד קוץ י' ראשון ואחרון, סוד אדני הוא סוד הוה"י ממש, וזהו יאהדונה"י בסוד **אנ"י ואי"ן** שבאדנ"י בסוד כתר ומלכות.

116

תרשים ג – מ"ה.

117

המלכות נקראת אני, ונרמזת המלכות במילוי אותיות אני, אל"ף נו"ן יו"ד גימטריא רחל ע"ה, שהיא המלכות. ועוד שם ב"ן שהוא במלכות, והוא יו"ד ה"ה ו"ו ה"ה עם ט' האותיות גימטריא אנ"י. ואפשר להקשות, אותיות אי"ן הם אותיות אנ"י, לכן למה בחינות אלו שייכים למלכות ולא לכתר.
ליקוטי הש"ס למהרח"ו – אנכי נוטריקון 'אנא 'נפשי 'כתבית 'יהבית, ועיין מה שכתוב בפסוק - אנכי הוי"ה אלהי"ך וגו'. שזה היה הדיבור מלכיות הפנימיות, והיא נפש למלכות החיצוניות, וזה שאמר אנא שהוא דבור שהפנימיות, שהוא בחינת נפש, ולכן לא נאמר אנ"י, **שהיא בחינת מלכות, הנקרא אנ"י** חיצוניות.

118

הכתר נרמז באותיות אי"ן, בסוד והחכמה מאין תמצא, ר"ל החכמה תמצא מאי"ן שהוא הכתר.
אור עינים, אות א' די"ח ע"א – אין הוא בחינת כת"ר. לקוטי ש"ס ברכות דף ע"ב.
איוב כ"ח י"ב – והחכמה מאין תמצא ואי זה מקום בינה.

הרב ז"ל מבאר את חזרת האורות עקודים לפה דא"ק, והתוספות שקבלו כל ספירה וספירה בחזרה זאת, וכמו שביציאת האורות מפה דא"ק יצאו הספירות אחת אחת, כך בחזרת האורות לפה דא"ק חזרו הספירות אחת אחת, כאשר הספירה הראשונה שחזרה היא הספירה האחרונה שיצאה, והיא ספירת הכתר. **וְהִנֵּה בְּהִתְעַלֵּם** אור **הכתר במקומו** ובמקורו **(נ"א אל מקורו)**, שהוא בפה דא"ק, מתחת לעשרה השורשים דעקודים הנמצאים בפה דא"ק[119], **עָלְתָה** אור **הַחָכְמָה בִּמְקוֹם** הכתר שעמד בו **הכתר** ביציאתו מפה דא"ק, **ואור הבִּינָה** עמדה **בִּמְקוֹם** הַחָכְמָה ביציאתה מפה דא"ק, **וְכֵן עַל דֶּרֶךְ זֶה כּוּלָם** אור החסד במקום הבינה, אור הגבורה במקום החסד, אור התפארת במקום הגבורה, אור הנצח במקום התפארת, אור ההוד במקום הנצח, אור היסוד במקום ההוד, **עַד שֶׁנִּמְצָא** אור **הַמַּלְכוּת** עומד **בִּמְקוֹם** שעמד בו אור **היסוד** ביציאתו מפה דא"ק,

יוצא לפי זה כי כל אור של כל ספירה עלה למדרגה אחת שמעליו[120] וקיבל מדרגה רוחנית אחת יותר גבוהה.

וְעַל יְדֵי עֲלִיָּה זו של אור המלכות **בִּמְקוֹם** שעמד בו אור **היסוד** שהוא מדרגה גדולה יותר ממקומה הראשון, **נִיתוֹסֵף בָּהּ** ר"ל במלכות **הָאוֹר** מקיף שחסר לה, **וְהָיָה לָהּ** עכשיו **בִּזְיָנַת מַקִּיף אֶחָד, אֲשֶׁר** הוא מקיף דחיה מבחוץ, ומקיף זה **כְּנֶגֶּד בְּזָיְנַת זָוִיה הַפְּנִימִי.**

ז"א יצא בבחינת נרנ"ח, וכאשר נכנס הכתר דעקודים בפה דא"ק, והמלכות עלתה ליסוד דא"ק[121] **גַּם** חסד דז"א **עָלָה בַּמַּדְרֵגָה אַזֹאת** לבינה דעקודים, והגבורה למקום החסד, והתפארת למקום הגבורה, והנצח למקום התפארת, וההוד למקום הנצח, והיסוד למקום ההוד **וְנִיתוֹסֵף בּוֹ** ר"ל בז"א **בִּזְיָנַת** אור **הַיּוֹזֵידָה בֵּן אוֹרוֹת פְּנִימִים** ולא היה ז"א צריך לחכות עד שכל ו"ק יעלו לבינה כדי לקבל את אור היחידה, **וְעַתָּה נִשְׁלַם** למלכות כל בחינות חמשה נרנח"י פנימיים ומקיף דחיה, וחסר לה מקיף דיחידה, **וְלֹא** ר"ל לז"א **זֲחֲמֵשָׁה אוֹרוֹת** נרנח"י **פְּנִימִים** ועדיין חסר לו ב' מקיפין, **וּבִינָה** שיצאה בבחינת נר"ן בלבד **נִיתוֹסֵף בָּהּ בִּזְיָנַת**

הרב ז"ל מבאר כי הכתר מתעלם בשורשו בפה דא"ק, בשער מטי ולא מטי מבאר הרב כי הכתר עולה לפה דא"ק ונמצא **תחת כל עשרה השורשים** דעקודים הנמצאים בפה דא"ק. ואור הכתר משמש כממוצע בין השורשים דעקודים שבתוך הפה דא"ק, לבין עולם העקודים הנמצא מחוץ לפה דא"ק.
תרשים ג – מ"ו.
ע"ח ש"ז פ"ג מ"ק דל"ב ע"א – והנה דע כי הלא קודם בחינת העקודים אלו, יש למעלה מהם שרשי אלו העשר, כתר, חכמה, בינה, כו' עד המלכות, **ולמטה משורש מלכות זו שם הוא התחלת אור הכתר הנ"ל, פניו למעלה נגד השורש שלו, ואחוריו למטה נגד כלי הכתר של בחינת העקודים.** והנה כל החיות הצריך אל העקודים האלו כולם נמשכין אליהם מהשרשים אלו העליונים, **ועוברים דרך אור הכתר** הנ"ל, וכל זה בחינת חיות לבד, אך לא בחינת שפע ממש, רק כאשר יהיה אור הכתר לא מטי בכלי שלו, כי אז יעלו ויקבלו שפע גדול משרשיהם, כמו שנכתוב בע"ה.

תרשים ג – מ"ז.

בית לחם יהודה ש"ו פ"ג – גם ז"א עלה מדרגה אחת, ונתוסף בו בחינת יחידה. היינו בעליית החסד שלו בלבד ניתוסף בכל הז"א בחינת יחידה, אף על פי ששאר הספירות שלו עדיין הם למטה במקום הז"א, ולא עלו כולם במקום הבינה. תדע שכן הוא, שהרי גם המלכות שעלתה במקום היסוד בלבד, ניתוסף בה מקיף דחיה, ולא הוצרכה לעלות כל הו"ק דז"א.

זזיה הַפְּנִימִי ויש לה נרנ"ח פנימים, וחסר לה את בחינת אור היחידה הפנימית וב' מקיפין. **וזזכמה** שיצאה בבחינת נפש ורוח **נ̇יתוסף בה בזזינת נ̇שמה הַפְּנִימִי** ויש לה נר"ן פנימים, וחסר לה את החיה והיחידה הפנימיים, וב' מקיפין.

ואחרי סיום עליית כל הספירות מדרגה אחת בזמן חזרת הכתר דעקודים לפה דעקודים, **אזר כך עלתה הזכמה** דעקודים[122] **במאצ̇יל** ר"ל בפה דא"ק להשתלם, **ועלתה בינה** שהיתה במקום החכמה **במקום** שהיה **הכתר** מעיקרא, **ונ̇יתוסף בה** ר"ל בבינה אור **בזזינת היזזידה הַפְּנִימִי, ונ̇שלמה בכל אורות זזמשה פנימים** וחסרה ב' מקיפין. **וחסד ז̇"א** שהיה במקום הבינה, עלה למקום החכמה שהיה מעיקרא, **ונ̇יתוסף בו מקיף אזר נגד זזיה הַפְּנִימִי** ונשלם בנרנח"י פנימיים, ומקיף דחיה, וחסר את מקיף דיחידה. **ומלכות** שהיתה במקום היסוד מעיקרא, עלתה למקום ההוד **ונ̇תוסף בה מקיף יותר עליון** והוא מקיף דיחידה, **אשר** הוא **כנגד יזזידה הַפְּנִימִי** ונשלמה המלכות החמשה אורות פנימיים, וב' מקיפין.

ואחרי[123] סיום עליית כל הספירות עוד מדרגה אחת, בזמן חזרת החכמה לפה דעקודים להשתלם, **אזר כך עלה זזסד** דעקודים **במקום כתר** דעקודים דהיה מעיקרא, **כי בינה** דעקודים **עלתה במאצ̇ילה** שהוא פה דעקודים כדי להשתלם, **ואז נ̇יתוסף בז̇"א גם בזזינת מקיף ב' העליון, שהוא כנגד יזזידה הַפְּנִימִי** ונשתלם זה בחמשה אורות הנרנח"י וב' מקיפין, **ומשם ואילך לא הרויזזו ז̇"א ומלכות** בעליית שאר הספירות לפה דעקודים, **ולא נ̇יתוסף בהם עוד תוספת אור**, כאשר ז̇"א והמלכות שלמים בכל בחינת אורות נרנח"י הפנימיים וב' המקיפים.

הרב ז"ל מביא את הסיבה מדוע באורות האזן והחוטם יש שלמות של עשר ספירות פנימיים, ועשר ספירות מקיפין, שהם בעצם חמשה פנימיים וחמשה מקיפין, לעומת זאת מאורות הפה ולמטה יש לכל עולם ולכל פרצוף חמשה אורות פנימיים, וב' מקיפין. **[124]והעניַן הוא, בהקדמה אזר שצריך שתדע, והוא כי הרי**

122

תרשים ג – מ"ח.
123

תרשים ג – מ"ט.
124

יפה שעה)ב(– והענין הוא בהקדמה אחת כו'. לא יש רק חמשה אורות פנימים וב' מקיפים, כנגד חיה וכנגד יחידה לכל פרצוף ופרצוף מהם ולא עוד, כי האור נתמעט משם ולמטה כו'. דבר קשה הוא אומרו, כי האור נתמעט, כי ממה נפשך אם היה צורך להיות חמשה מקיפים, כביכול הקצור קצרה השגחתו יתברך להציל. ואם אינו צריך בלאו הכי אף על גב שלא נתמעט האור. על כן נראה לי שכונתו לומר כי האור נתמעט משם ולמטה אצל המקבלים, שלא היה בהם כח לקבל כל כך אורות מקיפים. ואם תאמר אם נתמעט האור, למה יצאו אלו המקיפים שהם היותר גדולים מכולם, ולמה לא יצאו במקומם בחינת היותר קטנים כגון מקיף הרוח, ומקיף הנפש. יש לומר במה שכתב רז"ל לעיל פרק ב' ז"ל - והנה האדם יש לו חיות בפנימיות שהוא נר"ן, ולא היה מספיק זה להאיר החומר הגופני לו, לכך הוצרך שיהיה גם כן נשמה לנשמה מקיף בחוץ. כי בהיות הנשמה

נתבאר לעיל, [דכ"ו ע"ג52] כי בכל בזזינה ובזזינה מכל עולם ועולם, ובכל פרצוף ופרצוף מחמשה הפרצופים שיש בכל עולם ועולם, יש' בו עשרה ספירות לא פחות ולא יותר, והם אור פנימי עשרה, ואור מקיף עשרה. אמנם עשרה אורות פנימים נכללין בזזמש בחינות לבד, שהם כנגד החזמשה בזזינות פרצופים שיש' להם, כנזכר במקום אזור125, והם פרצוף א"א והוא כנגד ספירת הכתר, ופרצופי או"א שהם כנגד חכמה ובינה, ופרצופי זו"ן שהם פרצוף ז"א כנגד חג"ת נה"י, ופרצוף נוקבא דז"א והיא כנגד

בפנים בחינת אימא, והנשמה לנשמה מקיף בחוץ בחינת אבא, הם בחינת אבא ואימא, דלא מתפרשין לעלמין. הנה האור הפנימי דאימא מרוב חשקן להדבק בכל אבא כו', וכן להפך אור אבא נוקב ונכנס בפנים, ועל ידי כן, יעיון שם בביאורו. ועיין עוד לעיל מניה כשנתן רז"ל טעם לשבח, למה פנימיות הכלי נראה יותר זך יע"ש. נמצא שמוכרח להיות שיהיה אור פנימי בחינת אימא, ואור מקיף בחינת אבא, דלא מתפרשין לעלמין, וחשקם ותאוותם להאיר זה זה בזה, ולהיתדבק זה בזה, ועל ידי כן נמצא כלי הגוף מקבל הארה מזה ומזה, מבית ומחוץ, ומזדכך בין שניהם. מה שאין כן אם היו המקפים בחינות אחרים, שאם היה מקיף הנשמה, או מקיף דרוח, אף על פי שאורות הפנימים הם גם כן מבחינתם, מכל מקום לא היה לה להם כל כך חשק ותאוה להדבק זה בזה, ולהאיר זה בזה. ואדרבא כללא הוא שאור פנימי ואור מקיף הפכיים זה מזה, ומכים ומבטשים זה בזה, כמו שכתב רז"ל בכמה מקומות, לעיל בפרק א', וגם לקמן. וכיון שמוכרח להיות נר"ן פנימים, מוכרח מזה שבחינת המקיף אחד יהיה בחינת חיה, כדי שיהיו בחינת נשמה בפנים ובחינה חיה מקיף בחוץ, שהם בחינת או"א, שחשקם ותאוותם להאיר זה בזה, ועל ידי כן בין שניהם מזדכך הכלי, ומקבל הארה בשוה משניהם. ומאחר שמוכרח להיות מקיף תחתון בחינת חיה, ממילא מוכרח הדבר שמקיף עליון ממנו יהיה בחינת יחידה, ועיין בפרק א' משער המקיפים.
125

נהר שלום, דרוש הדעת, דמ"א ע"ב – דע כי אף על פי שהוזכר תמיד היותם עשר ספירות, אינם רק חמשה ספירות, וכל ספירה הוא פרצוף אחד, וכולל עשר מדות, והם א"א, ואו"א, וזו"ן. וזה פרטם כי, ספירת הכתר כוללת עשר מדות, ונקראת א"א. וספירת החכמה כוללות עשר מדות, ונקראת אבא. וספירת הבינה כוללת עשר מדות, ונקרא אימא, וספירת הדעת דחסדים כוללת עשר מדות, ונקרא זעיר, אך כשנאצל לא היו בו רק שש מדות חג"ת נה"י שבדעת, והם הם החג"ת נה"י הנקרא אצלינו מכלל העשר ספירות, אבל אינם רק מדות ולא ספירות כמו הג' ספירות הראשונים. וספירת הדעת דגבורה כוללת עשר מדות, ונקרא נוקבא דזעיר, אך כשנאצלה לא היה בה רק מדה אחת לבד דעשירית, והיא מלכות שבדעת הנזכר, והיא היא המלכות הנקרא אצלינו מכלל העשר ספירות, אבל אינה רק מדה אחת, ולא ספירה. ואלו החמשה פרצופים נרמזו בשם ההוי"ה בקוצו של יו"ד, ובד' אותיותיו, ולפי שהכתר אינו מכלל העשר ספירות, והושם ספירת הדעת במקומו, לכן נרמז בקוץ היו"ד ולא באות ממש. ונמצא כי עיקר הפרצופים הם ד', או"א, וזו"ן, והם ד' אותיות ההוי"ה, והם נכללות בג' ספירות בלבד, שהם חב"ד, ודעת כלול מב' עיטרין, וזה סוד פסוק הוי"ה בחכמה יסד ארץ, כונן שמים בתבונה, בדעתו תהומות נבקעו.

ע"ח שי"א פ"ה מ"ת דנ"א ע"ד – הקדמה כוללת ענין אלו המלכים כולם הכוללים כל עולם אצילות, ונתחיל מן המאוחר אל המוקדם. ונאמר כי נודע הוא שעולם אצילות הנזכר בכל ספר הזהר הנה הוא נעשה מבחינת אותם העשר נקודות היוצאין מנקבי עינים של א"ק הנזכר בדף הנ"ל באורך, ותחלה יצאו בלתי תיקון, ואחר כך נתקנו באופן זה שנבאר בקיצור. והוא כי הנקודה א' שנקרא כתר נתקנה עתה, והיתה בג' בחינות שהם ג' רישין דא לעילא מן דא, הנזכר בתחלת אדרא זוטא, והם כתר נחלק לב' רישין והם עתיק יומין וא"א, תחתיו אשר גם הוא מכלל כתר וא"א זה הנקרא כתר, יש בו בתוכו רישא תליתאי, שהוא מוחא סתימאה שבו, הנקרא חכמה, כמבואר בדרוש עתיק לקמן, וג' אלו נתלבשו זה תוך זה. ואחר כך מן הנקודה הב' והג' חכמה ובינה נעשו עתה ב' פרצופים הנקרא או"א, וגם הם מלבישים עתה את חג"ת דא"א כנזכר שם. ואחר כך מן ה' ו' ז' ח' ט' נקודות שהם ד' ה' ו' ז' ח' ט' הנקרא חג"ת נה"י, נעשה עתה פרצוף א' הנקרא ז"א. ואחר כך מן הנקודה עשירית הנקרא מלכות, נעשה פרצוף אחד הנקרא נוקבא דז"א.

ספירת המלכות, **והם** חמשה הפרצופים **עצמן נקראים נרנח"י** של כללות של כל עולם ועולם לבדו. וכן על דרך זה ובאותה הדרך בבחינת אור המקיף, שהם עשר אורות מקיפין ונכללין בחמש פרצופים (נ"א ובהם נכללין) כנזכר לעיל באורות הפנימיים.

אמנם דע כי יש שינוי בין אורות האזן והחוטם דא"ק, לבין האורות מהפה דא"ק ולמטה, כאשר **בכל האורות, והעולמות, והפרצופים שיש**[126] **מן החוטם** ר"ל כולל החוטם **של א"ק ולמעלה** שהם האורות והעולמות והפרצופים דאוזן דא"ק, ומה שלמעלה מאורות האזן דא"ק, **בכל פרצוף יש תמיד כל הבחינות האלו שלימות, שהם חמשה אורות** הנרנח"י **פנימיים** הכלולים מעשר ספירות פרטיות כנזכר לעיל, **וחמשה** אורות נרנח"י **מקיפים** הכלולים מן עשר ספירות פרטיות כנ"ל. [127]**אך**[128] **מפה דא"ק ולמטה** ר"ל כולל את הפה, **עד סוף כל העולמות, לא יש רק חמשה אורות** נרנח"י **פנימיים**, וזה הצד השוה בין העולמות של אזן וחוטם דא"ק, לעולמות מפה דא"ק ולמטה, והצד הלא שוה הוא כי באורות האזן וחוטם יש חמשה אורות נרנח"י מקיפים, ומעולם העקודים ולמטה יש חמשה אורות נרנח"י פנימיים, [129]ורק ב' אורות

126

בית לחם יהודה ש"ו פ"ג – שיש מן החוטם של א"ק ולמעלה. בכל פרצוף יש תמיד כל הבחינות הללו שלימות, שהם חמשה אור פנימי וכו'. כי באורות האזן יש יו"ד פנימים מאזן שמאל, ויו"ד מקיפין מאזן ימין, כמו שכתוב בפרק א' דטנת"א. וכן בב' נקבי החוטם, כנזכר בריש פרק ב' דטנת"א. וכן בא"ק עצמו, כמו שכתוב בפרק ב' דלעיל, בסיום ד"ה היו חמשה בחינות וכו', יעו"ש.

127

איפה שלימה ד"ג ע"ד)יד(– אך מן הפה של א"ק ולמטה וכו'. פירוש והפה בכלל, כמו שכתוב בשער ההקדמות בדף י"ג ריש ע"א יעוש"ב. ומה שכתב בע"ח בפרק ב' משער העקודים במ"ב ד"ה ודע וכו', וז"ל - עד עולם הנקודים היו חמשה בחינות אורות פנימיים ומקיפים נגלים וכו', ואמנם מעולם הנקודים ולמטה, שהוא עולם האצילות וכו', כל זה הלשון הוא מוטעה, ובמקום תיבת נקודים צ"ל עקודים, וגם תיבת עולם האצילות הוא טעות, וצריך למוחקה, ועיין בשער ההקדמות שם.

128

בית לחם יהודה ש"ו פ"ג – אך מפה דא"ק ולמטה עד סיום כל העולמות לא יש רק חמשה אורות פנימיים, וב' מקיפין, שהם כנגד חיה ויחידה, ולא עוד. אף על פי שגם באורות הפה היו חמשה אור פנימי, וחמשה אור מקיף כנזכר בפרק א' דלעיל, שכתב - והנה מן הפה הזה יצאו עשר ספירות פנימיים, ועשר ספירות מקיפין וכו', יעו"ש. מכל מקום מאחר שגם המקיפין נתלבשו בתוך הכלי, כמו שכתוב בפרק א' דלעיל, ד"ה בהיות וכו', נחשבים כאור פנימי, ולכן הוכרח מאציל העליון לעשות עוד ב' מקיפין אחרים, המקיפין על כל הכלי מבחוץ, כדי להאיר בחיצוניות הכלי ולצחצחו, כמו שכתוב בפרק ב' דלעיל, בד"ה היו חמשה בחינות וכו', יעו"ש. ונמצא שגם לעולם העקודים ליכא מחוץ לכלים שלה כי אם ב' מקיפין בלבד. ועיין בפרק ב' דלעיל ד"ה לכן וכו'.

129

איפה שלימה ד"ג ע"ד)טו(– וב' מקיפין עליונים שהם כנגד יחידה חיה וכו'. עיין בהגהת ע"ח פרק ג' משער העקודים, מה שהקשה בספר אדם ישר, ועיין עוד בשער מ"ה פרק ג' בהגה שהניחו בצ"ע. ועיין להרב יפה שעה בפרקין אות ב', ולהרב דב"ש מה שתרצו יעו"ש. ועיין עוד במוקף שבתוך הגהת הרמ"ז ז"ל שנדפסה בסוף מבוא שערים באות מ"ג. והגהה ההיא היא של הרב רבי שלמה מולכו ז"ל, שהביא שם משם הרז"ל דפרק ג' משער העקודים, וז"ל - אבל לשאר ג' פנימים לא יש בהם אור מקיף מבחינתם, רק מבחינת חיה

מַקִּיפִים הָעֶלְיוֹנִים, שֶׁהֵם כְּנֶגֶד[130] יְחִידָה וְחַיָּה, וְלֹא עוֹד מקיפין כנגד נר"ן הפנימיים.

וְהַסִּיבָה שֶׁלֹּא יָצְאוּ מקיפים דנר"ן היא, כִּי[131] הָאוֹר נִתְמַעֵט[132] מִשָּׁם ר"ל מאורות הפה דא"ק

יחידה הפנימיים אשר מקיפן, ולא מפאת עצמם, עד כאן יעו"ש. ועניין זה שהביא ז"ל משער העקודים פרק ג' לא נמצא כלל, רק בפרק ב' משער הנזכר במ"ב, כתוב שם ז"ל - ושני מקיפים שהם מקיף ליחידה, ומקיף לחיה, אך לשאר הג' הפנימיים לא יש להם בחינת מקיפים מבחינת נר"ן, רק מבחינת יחידה והיה אשר מקיף כולם, ולא מפאת עצמם וכו', יעו"ש. ואפשר שהרב שמ"ן ז"ל או נזדמן לו נוסחא בדברי הרב ז"ל, או שהוא מפרש שכן היא כוונת הרב ז"ל.

130

הגהות וביאורים)א(– בספר אדם ישר הקשה למה המקיפים הם כנגד חיה יחידה, והיה ראוי להיות כנגד נפש רוח, שהוא ממטה למעלה, עיין דב"ש דף ל"ג א' תירוץ על זה. לכן היתה כוונתו להוציאם חסרים מתחלה, כדי שיהיה להם חשק לעלות ולקבל, ואז יצאו הכלים, ולכן עלו, עיין סוף פרק ו'.

131

בית לחם יהודה ש"ו פ"ג – כי האור נתמעט משם והלאה. מסיבת המקבלים, שאין להם כח לקבל כל כך אור מקיף)יפה שעה(.

132

יש קושיה על דברי הרב ז"ל, למה מתחילים למנות את המקיפים מבחינת החיה והיחידה, למה לא מבחינת הנפש שהיא המדרגה התחתונה, וידוע בדברי הרב ז"ל כי תמיד המדרגה התחתונה של הנרנח"י יוצאת ראשונה. והם נתרץ שהעולמות והפרצופים שמעולם העקודים ולמטה לא יכולים לקבל אורות גדולים, לכן האורות הולכים ומתמעטים ויש בהם שינוים וגרעונות, כמו שמבואר בפרק ב' ובפרק ג' דשער זה, לכן למה לא מתגלים נר"ן דמקיפין שהם קטנים בערך החיה ויחידה, ומתגלים דוקא החיה ויחידה. ואדרבא היו צריכים דוקא לצאת מקיפי הנפש והרוח, כלומר אם מתגלים מקיפי חיה ויחידה שהם גדולים לאין ערך ביחס למקיפי הנר"ן, היו צריכים להתגלות מקיפי הנר"ן, דשרגא בטיהרא מאי אהני, ר"ל אם נתגלו המקיפין הגדולים למה שלא יתגלו המקיפין הקטנים. קושיה זאת היא של היפה שעה בתחילת הקדמה זאת, ותירוצו ונימוקו עימו. יש ב' תירוצים נפלאים לרב דברי שלום, ומבאר, **התירוץ הראשון** כי אם היו יוצאים ג' המקיפים הראשונים מלמטה למעלה, שהם מקיפי נר"ן, והם אורות קטנים בערך אור החיה והיחידה, לא היו יכולים להאיר בחיצוניות הכלי מרחוק. **התירוץ השני** הוא כי מה שבאמת יצא מבחינת המקיפין הם מקיף דנפש ומקיף דרוח, ולא יצאו המקיפין העליונים. כמו שכתב הרב ז"ל שהסיבה היתה בגלל **מיעוט האור**, וְהַמַּקִּיפִין הָאֵלּוּ שהם מקיפי נפש והרוח בערך חיה יחידה נקראים בערך חיה ויחידה. וכן תירץ הרב הרי"ח הטוב באור הא"ס.

ע"ח ש"ו פ"ו מ"ב דכ"ה ע"ב - ודע כי העולמות העליונים כל מה שהם יותר תחתונים במדרגה זה מזה, הם יותר מחוסרי השלימות זה מזה, לכן תמצא עד עולם העקודים היו חמשה בחינות אור פנימי ומקיפים נגלים, אלא שהשישנוים ביניהם הוא כי באלו היו מתקרבים המקיפים עם הפנימים, ובאלו יותר מתרחקים, ואמנם מעולם העקודים ולמטה עד סוף העולמות היה חסרון אחד שלא נתגלה להם)נ"א בהם(בכל פרטיהם, יותר מחמשה אורות פנימים, וב' מקיפים, שהם מקיף ליחידה, ומקיף לחיה, אך לשאר הג' פנימית לא יש להם בחינת מקיפים מבחינת נר"ן, רק מבחינת יחידה וחיה אשר מקיף כולם, ולא מפאת עצמם. אמנם יש בהם **שינוים וגירעונות** עוד אחרות כפי סדר הפרצופים והעולם, אך הכלל שבהם כי אי אפשר להיות פחות)נ"א יותר(מחמשה פנימים, וב' מקיפים עליונים.

דברי שלום ש"ו פ"ו דל"ג – מפה דא"ק ולמטה לא יש רק חמשה אורות פנימים וב' מקיפים העליונים. שהם כנגד חיה יחידה, עד כאן יע"ש. ובספר אדם ישר דקשה, דלמה המקיפים הם כנגד חיה יחידה, והיה ראוי להיות כנגד ג' ראשונים מלמטה למעלה, עיין שם. ונראה לעניות דעתי דהטעם הוא בעבור חיצוניות הכל המעולה יאיר אור מקיף אך דג' ראשונים לא היה יכול להאיר בו מרחוק. עוד נוכל לומר דלא יצאו כי אם מקיפי ג' ראשונים, אלא דקראו חיה יחידה, יען דאינם מקבלים עוד, ואלו בערכם כנגד חיה ויחידה. וראיה לזה דכשעלתה המלכות במקום ז"א קנתה חיה, וכשעלתה עד אימא קנתה יחידה, יע"ש. ועינינו רואות דאלו הם מדרגות תחתונות, ואינם מדרגות חיה יחידה, אלא ודאי כמו שמבואר דאלו הם מדרגות תחתונות, ואינם מדרגות חיה יחידה, אלא ודאי כמו שבארנו. דאילו היה קונה הנוקבא הג' מקיפין, היינו קורין אלו המדרגות

ולהכלאה, לכן בעולם (נ"א העקודים) הזה דעקודים, שהם אורות היוצאין מפה דא"ק ולחוזין, לא היה בו רק זחמשה אורות נרנח"י פנימים, וב' אורות חיה ויחידה מקיפין ואין עוד אורות כנגד נר"ן. וזכור הקדמה זו.

הרב ז"ל מבאר עוד שינוי[133] שיש בין או"א שהם חכמה ובינה דעקודים לבין זו"ן, כאשר בסוגיה זאת זו"ן שלמים וגדולים יותר מאו"א, ומציאות זאת הפך[134] המציאות בעולם האצילות[135]. והנה[136] כאן בעולם

ג"ר, יען דבערך האורות העתידין לבא אלו הם מדרגות ג"ר, אבל עתה שאינה מקבלת עוד נמצא דאלו הם במדרגת חיה יחידה. ודע דאלו הנרנח"י כולם הם בסדר המדריגות דמה שנקרא נפש, הוא בערך יחידה, שהיא מדריגה חמישית, אבל בערכה זו בחינת דנפש נקרא יחידה, ובערך ז"א נקרא חיה, ובערך אימא נקרא נשמה, ובערך אבא נקרא רוח, ובערך א"א נקרא נפש. וכן מלמעלה למטה. וכן בערכו, א"א בערכו למטה, שהוא מדריגה חמישית ממה שלמעלה ממנו, ובערך אבא נקרא רוח, ובערך אימא נקרא נשמה, ובערך ז"א נקרא חיה, ובערך נוקבא נקרא יחידה. ואם כם כם אלו הב' מקיפין שיצאו אינם במדרגת ג"ר אלא במדרגת חיה יחידה, יען שלא יצאו הנרנח"י.

דעת ותבונה פ"ד דף ל"ג ע"א– ואם תאמר מאחר דאור א"ס העליון הוא אור פשוט ושוה, איך אנחנו קוראים לזה האור המתפשט ממנו דרך הקו הנזכר בשם נרנח"י, שנמצא לפי זה שיש חילוק מדרגות באור זה, הנה התשובה לזה – דע כי מדרגות הנרנח"י שבאו בא"ק הנזכר המה על דרך זה, דהיינו תחילה בא לו אור אחד מא"ס דרך הקו הנזכר וזה ראוי להקרא יחידה, שהוא עליון וסמוך אל מקורו. ואחר כך נתוסף לו עוד אור חדש מן א"ס דרך הקו הנזכר ודחה את הראשון למטה, ועל כן אור החדש הנוסף ראוי להקרא יחידה כי הוא עליון וסמוך אל מקורו, והאור הראשון יקרא חיה היה לפי שנתרחק ממקורו מדרגה אחת, ואחר כך נתוסף לו אור אחר מן אור א"ס העליון דרך הקו הנזכר והאור הב' נדחה למטה והאור הראשון נדחה יותר למטה, על כן הנוסף ראוי שיהיה נקרא יחידה שהוא עליון וסמוך אל מקורו, והב' יקרא חיה שנתרחק מדרגה, והאור שתחתיו יקרא נשמה, לפי שנתרחק ב' מדרגות. אחר כך נוסף לו עוד אור אחר דרך הקו הנזכר ועל ידי כך נדחה התחתון ג' מדרגות, ולכן ראוי להקרא רוח והעליון ממנו שנדחה ב' מדרגות יקרא נשמה, והעליון שנדחה מדרגה אחת יקרא חיה, וזה האור הנוסף שהוא עליון וסמוך אל המקור יקרא יחידה. ואחר כך נוסף לו עוד אור אחר חמישי ואז יקרא באמת יחידה, כי הוא עליון וסמוך אל מקורו, והשני הסמוך לו יקרא חיה, והסמוך לו יקרא נשמה, והסמוך לו יקרא רוח, והסמוך לו שנתרחק ד' מדרגות יקרא נפש. הרי ידעת ענין הנרנח"י המתפשטים מן א"ס בא"ק דרך הקו הנזכר אך יש בהם חילוק מדרגות שנקראים בחמישה שמות נרנח"י, ואף על פי שהם נמשכים מן מי האור העליון דא"ס, שהוא אור פשוט ושוה ואין בו עצמו חילוק מדרגות כלל ח"ו.

133

ע"ח ש"ו פ"ו מ"ת דכ"ח ע"ד – וזהו)נ"א והנה(שינוי אחד שיש בעולם העקודים, מה שאין כן בעולם אצילות, כי בעולם האצילות היו או"א יותר שלמים מזו"ן, שאינם כל כך שלמים בבחינת עצמן, כמו שנכתוב במקומו בע"ה. אבל בעולם העקודים זו"ן נתקנו יותר מאו"א, ונשלמו בחינותן יותר מהם, והוא כי זו"ן היו פנים בפנים, ואו"א היו אחור באחור, כי הנה נודע כי טפת זיווג של הזכר היא נמשכת מן המוחין שבו, והוא נשמה לנשמה. והנה קודם שחזרו כל ספירה וספירה, אפילו כתר העליון לעלות במאציל, כבר היו לזו"ן כדי צורכם אל הזיווג שיוכלו להזדווג, כי הנה ז"א כבר היה לו בחינת חיה כנ"ל, שהוא חכמה, גם המלכות כבר היתה בה עוד יתרון אחר, שהיתה בה בחינת יחידה, שהיתה בה היו יכולין להיות מאז פנים בפנים, ואף על פי שהיה יתרון למלכות מן הז"א, אין בה בה החשש, ולא עוד אלא שאפילו קודם שזו"ן עצמם יעלו אל המאציל, כבר היו זו"ן שלימים בכל בחינות הראוי להם המצטרכים להם, שהם חמשה בחינת פנימים, וב' מקיף דיחידה וחיה. ומכל שכן שהיה להם כל מה שצריכים להם שיוכלו לחזור פנים בפנים, שהם מבחינת חיה ולמטה כנ"ל. אמנם או"א אפילו שכבר אור הכתר חזר לעלות במאציל, לא היה באבא בחינת חיה, שהוא נמצא)נ"א ומכל שכן שלא היו שלימין בכל בחינות המצטרכים להם, שהם חמשה פנימים וב' מקיפים. כי לאבא אחר תכלית שלימותו היה לו רק ג' מהם, נר"ן פנימים, ולאימא היו ד' פנימים, וחסר ממנה בחינת יחידה

הָעֲקוּדִים אחרי שיצאו כל האורות נרנח"י מפה דא"ק, וחזר הכתר והחכמה דעקודים לפה דא"ק, לספירת המלכות היה את כל בחינת אורות הנרנח"י הפנימיים, וב' מקיפין. לז"א היה את כל בחינת אורות הנרנח"י הפנימיים, ומקיף דחיה, וחסר את מקיף היחידה. לבינה היה את בחינת אורות הנרנח"י הפנימיים, וחסר לה ב' מקיפין. ולחכמה היה את

הפנימים, וב' מקיפים, וכיון שעדיין אבא לא היה לו בחינת חיה להוציא טפת המוחין לזווג, לכן נשארו אחור באחור.
134

גמרא פסחים ד"נ ע"א – כי הא, דרב יוסף בריה דרבי יהושע בן לוי חלש ואיתנגיד, כי הדר, אמר ליה אבוה מאי חזית, אמר ליה, **עולם הפוך ראיתי, עליונים למטה, ותחתונים למעלה**, אמר לו, בני עולם ברור ראית.
135

ע"ח שי"ד פ"ז מ"ב דע"ג ע"ג – חמשה חלוקים יש בין או"א לזו"ן והם מבוארים בזוהר:

א' - או"א כחדא נפקין, פירוש שהם שוין בקומתן, מה שאין כן בזו"ן, כי הנוקבא לא יצאת רק אחר שהוא יצא עד חצי תפארת שבו, ואחר כך יצאה היא משם ולמטה. ובערך זו אמרו כחדא נפקין.

ב' - כי או"א אחר התקון כנזכר באדרא היו תמיד פנים בפנים, מה שאין כן בזו"ן, ובערך זה אמרו כחדא שריין.

ג' - כי או"א זווגם תדיר, מה שאין כן בזו"ן, ובערך זה אמרו ולא מתפרשין.

ד' - שאו"א לעולם רחמים, כי אפילו בינה שדינין מתערין מינה אינה אלא אחר צאת זו"ן ממנה, אבל בהיותה למעלה הכל היא רחמים, אבל זו"ן לפעמים הוא רחמים, ולפעמים הוא דין. וזה סוד הנזכר פרשת חיי שרה דקכ"ג ע"א, ק' שנה, כ' שנה, וז' שנים, כי בכתר ואו"א הם ק"ך שנה, והיינו ק' בכתר, וך' באו"א, הנה הם כולם בסוד שנה, אך הזו"ן שהם ז"ת ז' שנים, הנה הם שנים ולא שנה, משום דאית בהו דין ורחמים.

ה' - כי באו"א לעולם יש חיבוק, כנזכר בזוהר א"א, עוד יש חילוק אחר והוא כי או"א חד גופא ממש, מתדבקין דא בדא, והנה כבר הודעתיך שיש ב' מיני זווגים, אחד להוריד נשמות חדשות, ואחד לתת חיות לעולמות התחתונים, ואמנם הזווג שהוא כדי לתת חיות זה אינו נפסק לעולם מאו"א, כדי שלא יתבטלו העולמות ח"ו. אבל בזו"ן אפילו הזווג זה נפסק לפעמים, וזה סוד לא ידון רוחי באדם. ר"ל לא ימשוך רוח חיות העליון באדם. שהוא זו"א לעולם, כי אם ימשוך זה לעולם יאריכו ימים, ויהיו רשעים. אך בראותן שהם מתים בקצרות שנים, אז על ידי זה יחזרו בתשובה, לכן אין רוח חיות זה נמשך תמיד בז"א.

ע"ח שער הכללים פ"ב ד"ה ע"ד – ונחזור לפרש סדר התיקון של החמשה פרצופין, והוא כי בריחוק האור תיקון בא"א תלת רישין. א' נקרא רישא דלא אתיידע. הב' נקרא אין. הג' מוחא סתימאה. ושלשתן נגד כח"ב שבשאר הפרצופים. כן גם כן ג' רישין נגד כח"ב]ס"א ורדל"א נק' עתיקן ונקרא עתיד סתם, והז' אחרים מחסד עד מלכות נקרא עתיק יומין. ואלו הם הנשמה ופנימיות של או"א, ובהתפשטותם בא"א הם מתקנים בתחלה בגלגלתא ז' תיקונים, וסימנם ג"ט, קר"ע, פ"ח, גלגלתא. טלא דבדולחא. קרומא דאוירא. רעוא דרעין. עמר נקי. פקיחא דלא נאים. חוטמא. וכל זה בסוד א"א עם י"ג תקוני דיקנא שנתפשטו, כנזכר באדרא זוטא. ואלו הז' תיקונים נתפשטו עד מקום אשר היו נקודות המאנין תבירין מתחלה, ואחר שנעשה פרצוף שלם דא"א, נעשו ב' פרצופין דאו"א. וזהו כוונת אדרא זוטא - **כחדא נפקין, וכחדא שריין, ולא מתפרשין לעלמין**. והכוונה שהחכמה ובינה לא נאצלו כמו זו"ן, אשר נוקבא יוצאת מבין חדוי ודרועוי מאחוריו, אך או"א **כחדא נפקין** הוא שבעת הלידה יצאו שניהן יחדיו, ולא קדם אחד לחבירו. **וכחדא שריין** הוא כי זו"ן אחור באחור, אבל או"א כחדא שריין פנים בפנים. ומה שכתב **ולא מתפרשין לעלמין**, כי זו"ן אי זיווגם תדיר, כמו שכתוב בזוהר פרשת ויקרא. על פסוק אכלו רעים שתו ושכרו דודים, אכלו רעים דא אינון או"א, שתו ושכרו דודים דא אינון זו"ן.
136

מנחת אליעזר ש"ו פ"ג ד"ה ע"ב – והנה כאן בעולם העקודים היו זו"ן גדולים מאו"א, עד כאן. ויש לאמר עליונים, ר"ל או"א שהם עליונים הם למטה, ר"ל כי לא היו שלמים, ותחתונים ר"ל זו"ן למעלה, ר"ל כי היו שלמים יותר מאו"א. אמר לו עולם ברור ראית. כי גם כן או"א צריכים גם כן להיות שלמים, ולכן עלו. וחזר השואל ושאל אם כן למה עלו זו"ן אחרי שהיו שלמים, אמר לו דזה שעלו הוא משום כי אין רוצין ליפרד מהם, לכן עלו. וגם כן להיות בהם בחינת כלים. כמו שכתוב שם הטעם שכולם עלו, וכל ההתחלפות להיות בהם בחינת כלים, ודו"ק.

בחינת אורות נר"ן פנימיים, וחסר את חיה ויחידה וב' מקיפין, לכן **היו זו"ן גדולים מאו"א, כי זו"ן היו** שלמים בכל בחינות הנרנח"י הפנימים וחלק מהמקיפין, לכן הם עומדים זו"ן **פנים**[137] **בפנים** והיה להם מה שצריך כדי להתייחד[138], **ולעומת זו"א או"א** לא **היו** שלמים, כי לאבא רק יש את בחינת נר"ן הפנימים, ואימא את בחינת נרנח"י, ובגלל שלאבא אין עדיין את בחינת אור החיה, לכן אר"א עומדים **אזור באזור** מפחד אחיזת החיצונים, ולא היו יכולים להתייחד[139], ובאמת הם עומדים פנים באחור[140]. **והענין כי הנה זו"ן השלימו**

___

137

שואל הרב שמן ששון - איך אפשר להיות הזווג בזו"ן, וגם היות או"א אחור באחור, **הלא הספירות הם זה למטה מזה**, עד כאן הקושיה, והרב ש"ש משאיר את הקושיה אך שהיא ומסיים והשם יאיר עינינו אמן. להבין את דברי קודשו, והוא איך יתכן שזו"ן עומדים פנים בפנים, ואו"א עומדים אחור באחור, הרי בעולם העקודים עומדים הספירות אחת מעל לשניה, בחד סמכא. אולי כאן ההוכחה שעולם העקודים לא עומד בחד סמכא, אלא בג' קווים. כי שורש הכל הוא קו הא"ס שהתגלה כדמיון ג' קווין.
גם בסידור הקדוש למרן הרש"ש מסודרים הספירות דאצילות העולים לעולם העקודים בג' קוי חח"ן דת"י.
תרשים ג – נ.
ע"ח ש"א ענף ב' די"ב ע"א – ועתה נבאר בחינה הב' שיש בעשר ספירות, הלא הוא בחינת אור היושר, כדמיון ג' קוים כצורת אדם העליון. והנה דרך הקו הנ"ל המתפשט מלמעלה למטה, אשר ממנו מתפשטים העיגולים הנ"ל, גם הקו ההוא מתפשט ביושר מלמעלה למטה מראש עיגול גג העליון של עיגול העליון מכולם, עד למטה מתחתית סיום כל העיגולים ממש מלמעלה למטה, כלול מעשר ספירות, בסוד צלם אדם ישר, בעל קומה זקופה כלול מרמ"ח אברים, מצטיירים **בציור ג' קוים ימין ושמאל ואמצע**, כלול מעשר ספירות בכללות, וכל ספירה וספירה מהם נפרטת לעשר ספירות עד אין קץ, על דרך הנ"ל בענין העשר ספירות שהם בדרך העיגולים. והנה בחינה זאת הב' נקרא צלם אלהי"ם, ועליה רמז הכתוב באומרו ויברא אלהי"ם את האדם בצלמו, בצלם אלהי"ם. וכמעט כל ספר הזוהר והתיקונים רוב דבריהם כולם מתעסקים בבחינה השניה הזאת בלבד, כמו שנבאר היטב במקום אחר.
שמן ששון ש"ו פ"ג אות י"ח די"ג ע"ב – והנה כאן בעולם העקודים היו זו"ן גדולים מאו"א, כי זו"ן היו פנים בפנים וכו'. לקמן סוף פרק ו' מה שכתב - כבר היה מה שצריך להם אל הזו"ן לצורך הזווג וכו'. וצריך לדעת דאי אפשר שיזדווגו זו"ן קודם או"א, הא אין טיפה נמשך להם אלא על ידי זווג או"א, המזדווגים קודם, וכן עד רום המעלות, ומכיון דמאו"א אין זווג לטעם הנזכר, איך יש זווג בזו"ן. ועיין שער ט"ו פרק ז', ושער כ"ג סוף פרק ו', ובשער הכוונות קריאת שמע דף ל"ה, ואפשר שיש להם לצורך הזווג כאמור, ולא שעתה מזדווגים אלא לכשיזדווגו או"א הם מוכנים אחריהם להזדווג,)ועיין עוד שער ט' פרק י' שכתב שאפילו הטיפות שהוא לצורך עצמן, שהוא ליתן ההוא רוחא, הוא על ידי שיזדווגו או"א מקודם, ולקחו הריון העליון, ומהם נמשך הריון התחתון לזו"ן(. ועוד איך אפשר להיות הזווג בזו"ן, וגם היות או"א אחור באחור, הלא הספירות הם זה למטה מזה, והיע"א)והשם יאיר עינינו אמן(. ועיין לקמן פרק ו' אות א'.
138

תרשים ג – נ"א
139

תרשים ג – נ"ב
140

כאשר אבא עלה למקום הכתר מעיקרא, וקנה את בחינת הנשמה, והוא בעל ג' אורות נר"ן פנימיים, לכן אבא עדיין באחור. לעומת אבא, אימא עלתה למקום החכמה מעיקרא, וקנתה את בחינת החיה, והיא בעלת ד' אורות נר"ח ועומדת בבחינת הפנים. לכן אבא ואימא עומדים אחור בפנים. ר"ל אחורי אבא בפנים דאימא.
תרשים ג – נ"ג.
ע"ח שי"א פ"ז מ"ת דנ"ד ע"א – אמנם בכאן נתבאר מאו"א ולמטה מה ענינם, ותחלת הכל נקדים לך הקדמה אחת, והוא כי בכל בחינה שיש זכר ונקבה יש ד' בחינות, וזה סדרן לפי מעלתן ממש מלמטה למעלה,

כל צרכם הצריך להם והם עומדים פנים בפנים, **שהם זהם חמשה אורות** נרנח"י **פְּנִימִיים, ובּ'** אורות חיה ויחידה **מקִיפִין, קודם שֶחָזרו לעֲלות בּמאֲצִילם** בפה דא"ק, **מה שֵׁאין כֵן באו"א, כי עדַיִין לא היו שלֵמים** ועלו לפה דא"ק לא שלמים, **שֵׁהֲרֵי לאבא** בהיותו עומד במקום הכתר **לא היו רק ג'** אורות נר"ן **פְּנֵימים לבד ובלי שום** אור **מקִיף** וחסר את אור החיה והיחידה הפנימים וב' מקיפין, **ולֵאימא** [141] [142] בהיותה עומדת במקום החכמה **לא היה** לה **רק** [143] **אֲרְבּעַ** [144] אורות נר"ח **פְּנִימים ובלי שֵׁום** אור **מקִיף** וחסר לה את אור היחידה הפנימי וב' מקיפין ♦

תחלה היא מדרגת **אחור באחור**, פירוש שיהיו זו"ן אחוריהם דבוקים זה לזה, והפוכים אחור נגד אחור. למעלה מזה מדרגה ב', והוא שיהיו **אחור בפנים** שיהיה הזכר אחוריו נגד פני הנקבה, ואז יש מעלה בזה שמקבלת הנוקבא מהזכר דרך הפנים. אבל עדיין אינה מקבלת רק אור של אחוריים מהזכר, ואינה יכולה לקבל אור הפנים שלו. למעלה מזה מדרגה ג' המעולה ממנו, והוא **פנים באחור** שפני הזכר מביטים באחורי הנקבה, ובזה יש מעלה יתירה שמקבלת הנקבה אור הפנים ממש. אלא שלהיות אור גדול אינה מקבלתו אלא דרך אחור שלה, ואז שם מתעבה האור, וכאשר יתעבה יוכל אחר כך האור לילך דרך אחור ולהגיע עד הפנים שלה, ואז תוכל לקבלו, וזה סוד הפסוק חכם באחור ישבחנה, כי כאשר החכמה שהוא זכר יפנה בפניו אל אחורי הנוקבא, שהיא בינה, ישבחנה יותר ממה שהיה)בעת(להיפך,)בהיות אחורי הזכר בפני הנקבה. מדרגה ד' למעלה מכולם הוא **פנים בפנים**, פירוש שניהן זכר ונקבה פונים פניהם זה לזה, ומדרגה זו היא תכלית השלימות. ודע כי באו"א היו בהם ג' מדרגות הנזכר שהם אחור באחור, ופנים באחור, ופנים בפנים, וחסר מהם מדרגה ב' שהיא אחור בפנים, אבל בזו"ן היו ארבעתן כולם.

141

איפה שלֵימה ד"ד ע"א)טז(– ולֵאימא חמשה אורות פנימיים לבד וכו'. צ"ל ארבעה, ומדבר אחד שעלה בכתר למאציל, שהיו או"א אחור באחור, לפי שאבא אין בו כי אם נר"ן, ואימא נרנ"ח.

142

בית לחם יהודה ש"ו פ"ג – ולֵאמא לא היה רק ד' פנימיים. כי בהיות אבא במקום הכתר עדיין היתה אימא במקום החכמה, ולכן לא היה לה רק ד' פנימיים. והגירסא אוצרות חיים - ולֵאמא לא היה רק חמשה פנימיים וכו', וכן הגירסא בע"ח כתב יד דשנת ע"ת. ור"ל וכן אימא קודם שעלתה למאציל, שאז היתה במקום הכתר, לא היה לה רק חמשה פנימיים. והיא גירסא נכונה יותר.

143

הגהות וביאורים)ב(– באוצרות חיים דף ט' ע"ד שורה ג', איתא חמשה פנימיים.

144

הגירסא בספר אוצרות חיים שדרוש זה לקוח משם היא חמש פנימיים וכן בע"ח כתב יד, לעומת זה הגירסא בספר הדרושים היא ארבעה פנימיים, וכך גם כותב ומגיה השד"ה בפירושו הגדול על אוצרות חיים, שהגירסא הנכונה היא ד' פנימיים. הרב בית לחם יהודה כותב כי הגירסא הנכונה היא **חמשה פנימיים**. להבין את ההבדל צריך לדעת איך לראות את אימא, לפני שחזר אבא לפה דא"ק, או אחרי שחזר. כלומר, לפני שחזר כתר דעקודים לפה דא"ק, לאבא היה נפש ורוח פנימיים, ולאימא נר"ן. וכאשר הכתר חזר לפה דא"ק, אבא קיבל את בחינת הנשמה, ואימא את בחינת החיה, ויש לה ד' בחינות. וזאת היא גירסת ספר עץ חיים בפרקין. וכאשר חזר אבא לפה דא"ק, אימא קנתה עוד מעלה, והיא בחינת היחידה, והיא שלימה בנרנח"י פנימיים. ולישב את גירסת ספר אוצרות חיים, פשוט הוא, כאן מדובר על בחינת אבא שחזר לפה דאבא, ואימא עלתה למקום הכתר מעיקרא, וכאשר אימא נמצאת במקום הכתר, קנתה עוד מעלה, והיא שלימה בנרנח"י אורות פנימיים, וכך מבאר הרב בית לחם יהודה שהגירסא הנכונה היא חמשה אורות פנימיים כאשר אימא עלתה למקום הכתר. ואחרי אלף אלפי רבוא סליחות מתלמידו המובהק של מרן הרי"ח הטוב, מו"ר רבי יהודה פתייא זצוק"ל, קושיה על דברי קודשו - אם אימא עלתה למקום הכתר, ואבא חזר לפה דא"ק, **איך אבא ואימא עמדו אחור באחור, הרי אבא חזר למאצילו, ואימא לבד מחוץ לפה דא"ק, וכדי שיהיו או"א אחור באחור צריך שאבא יהיה מחוץ לפה דא"ק.** וקשה דברי קודשו של הבית לחם יהודה. לכן נראה כי הגירסא דעץ חיים

57

וְעוֹד כִּי אֲפִילוּ קוֹדֶם שֶׁתַּזְזוֹר שׁוּם סְפִירָה מעשר הספירות דעקודים, אפילו ספירת הכתר דעקודים **לְהִתְעַלּוֹת** בחזרה **בַמַּאֲצִיל** בפה דא"ק, **כְּבָר הָיָה**[145] לנוקבא חמשה אורות נרנח"י פנימים, ולז"א ד' אורות נרנ"ח פנימים, וזה כל **מַה שֶּׁצָּרִיךְ לָהֶם אֵל**[146] **זוּ"ן** דעקודים **לְצוֹרֶךְ הַזּוּוּג.**

וְעוֹמֶק הָעִנְיָן הוּא כִּי כְּבָר יָדַעְתָּ כִּי הַזִּוּוּג הוּא נִמְשָׁךְ מִן הַמּוֹחִין דחיה שהוא **מֵחָכְמָה**[147] **וּלְמַטָּה, וּכְבָר** ביציאת הכתר דעקודים מפה דא"ק **הָיָה לז"א בְּחִינַת** מוחין מחכמה, **שֶׁהוּא** אור **זִיוָה פְּנִימִית** כלומר ז"א לא צריך את הבחינות היותר עליונות ממוחין דחיה לצורך הזיווג, כי אור היחידה הפנימית, והמקיפין לא מעכבין את הזיוווג, ואפילו **קוֹדֶם שֶׁיִּתְעַלֶּה כֶּתֶר** דעקודים **בַּמַּאֲצִיל** בפה דא"ק היה לז"א את מוחין דחיה, וזו"ן דעקודים עומדים פנים בפנים, **שֶׁהַכֶּתֶר הוּא הָרִאשׁוֹן שֶׁיַּזְזוֹר** לפה דא"ק **קוֹדֶם כּוּלָם** ר"ל קודם שאר כל הספירות דעקודים. **וְאַף עַל פִּי שֶׁהַמַּלְכוּת הָיְתָה גְּדוֹלָה בְּמֶנּוּ** מז"א, **שֶׁהָיָה לָהּ** אור **יְזִירָה פְּנִימִית** והיא שלימה בכל חמשה בחינות הנרנח"י הפנימים, ולז"א היה ארבעה אורות נרנ"ח פנימים, **אֵין בְּזֶה זִוּוּשׁ** שמונע את הזיווג דזו"ן, שהרי מספיקים לז"א מוחין דחיה לחזור פנים בפנים ולהתייחד. **מַה שֶּׁאֵין כֵּן בָּאַבָּא שֶׁאֵין לוֹ בְּחִינַת זִיוָה אֲפִילוּ אַזְזוֹר שֶׁמִּתְעַלָּה הַכֶּתֶר אֶל הַמַּאֲצִיל.**

בפרקין היא הנכונה. אם שגיתי אתי תלין משוגתי. ועוד הרב ז"ל **כותב במפורש** בפרק ו' דשער העקודים - ולאימא היו ד' פנימים, וחסר ממנה בחינת יחידה הפנימים, וב' מקיפים. ונראה כי דעת הרב ז"ל היא שלאימא היו ד' בחינות אורות הנרנ"ח. ופלא גדול על הבל"י.

ע"ח ש"ו פ"ו מ"ב דכ"ח ע"ד – אמנם או"א אפילו שכבר אור הכתר חזר לעלות במאציל, לא היה באבא בחינת חכמה שבו, שהוא חיה,)נ"א נמצא(ומכל שכן שלא היו שלימין בכל בחינות המצטרכים להם, שהם חמשה פנימיים וב' מקיפים, כי לאבא אחר תכלית שלימותו היה לו רק ג' מהם, נר"ן פנימים, **ולאימא היו ד' פנימים, וחסר ממנה בחינת יחידה הפנימים, וב' מקיפים,** וכיון שעדיין אבא לא היה לו בחיה חיה להוציא טפת המוחין לזווג, לכן נשארו אחור באחור.
145

בית לחם יהודה ש"ו פ"ג – כבר היה מה שצריך להם אל זו"ן לצורך הזווג. אף על פי שאי אפשר לזו"ן להזדווג מקמי או"א, שהרי טפת הזווג היא נמשכת תחלה מאו"א, ומה שגם שהכתר אינו שלם, מכל מקום זו"ן היו ראוים לזווג מצד עצמם, לולא שהיה עיכוב מאו"א, ועיין עוד בפרק ו' דלקמן, בד"ה אבל.
146

איפה שלימה ד"ד ע"א)יז(– כבר היה מה שצריך להם אל זו"ן לצורך הזיוג. דומה לזה בעולם האצילות מה שכתב השמ"ש זיע"א. בפרק ב' משער העקודים בסוף מ"ב, שהמוחין הבאים מישסו"ת בערך יעקב ורחל נקראים חיה, ועל ידם חוזרים פנים בפנים, אבל לגבי זו"ן נקראים נשמה, ואינם חוזרים פנים בפנים, עד שיקבלו מאו"א עילאין שהם בחינת חיה שלהם, ועיין בשמן ששון אות ח"י שהניחה בקושיא, ולפי מה שכתב לא קשיא מדי.
147

ע"ח ש"ו פ"ב מ"ב דכ"ה ע"ב – ודע כי כאשר לא יש בפרצוף בחינת חיה פנימים, שהוא בחינת הטעמים, שנקרא מוחין, כי כל המוחין בסוד חכמה הוא שם או ע"ב, אי אפשר להזדווג, ועדיין שאר האורות שיש לו, שהם נר"ן פנימית, נקרא אורות אחורים, ואז עומדין אחור באחור.

הרב ז"ל ביאר כי הסיבה לחזרת אורות דעקודים לפה דא"ק הוא כדי לקבל את שלמותם, ועוד ביאר הרב ז"ל כי הכתר חכמה בינה לא היו שלמים בחמש בחינות נרנח"י פנימיים וב' מקיפין, והם חזרו לפה דא"ק, לעומתם זו"ן היו שלמים בכל בחינות הנרנח"י הפנימיים וב' המקיפין, **ואם תאמר למה עלו זו"ן במאצילם, אזור שכבר היו שלימים** באורות הנרנח"י הפנימיים וב' המקיפין, הרי אין להם שום רווח בחזרתם למאציל.

והתשובה היא כי כל זוויתם של זו"ן **הוא** נמשך **מאו"א, וכיון שנסתלקו או"א למעלה** בפה דא"ק, **אין זו"ן** הנמצאים מחוץ לפה דא"ק **רוצין להפרד מהם** ר"ל מאו"א, **וזושקים** זו"ן **להדבק ולהתקשר בהם, ועולין אזוריהן** לפה דא"ק **לקבל מהם** שפע ומוחין. **וגם סיבה אזורת** שזו"ן חוזרים לפה דא"ק אפילו שהם שלמים **כנכר לעיל, כי עיקר זזורה** של אורות העקודים לפה דא"ק **הוא כדי לעשות בזוינת כלים**[148] בעולם העקודים, **לכן**[149] היתה כונתו להוציאם חסרים מתחילה, כדי שיהיה להם חשק לעלות ולקבל, **ואז יעשו הכלים**. לכן **גם הם** ר"ל זו"ן **עלו לסיבה זאת**[150].

148

ולכן היתה כונתו להוציאם חסרים מתחילה, כדי שיהיה להם חשק לעלות ולקבל, **ואז יעשו הכלים**. כך כתוב בע"ה כתב יד של מרן הרש"ש. וכן בפרק ו' דשער ו'.

ע"ח ש"ו פ"ו מ"ב דכ"ח ע"ד - עוד טעם אחר כנ"ל, כי סיבת חזרת האורות האלו במאצילם, היו כדי שבעודם מסתלקים יוכלו הכלים להתעבות.)נ"א להעשות(ולגמור מלאכתם, ועל כן גם אורות זו"ן גם הם עלו לצורך בנין כליהם.
149

הגהות וביאורים)ג(– לכן היתה כוונתו להוציאם חסרים מתחלה, כדי שיהיה להם חשק לעלות ולקבל. ואז יצאו הכלים, ולכן עלו, עיין סוף פרק ו'.
150

ע"ח ש"ו פ"ג מ"ת דכ"ה ע"ג – דע כי בעת שיצאו לא יצאו שלימים. וכמו שנבאר בע"ה, וטעם הדבר הוא כי כוונת המאציל היה לעשות עתה התחלת הויות הכלים)נ"א בתחלה הויות הכלי(, להלביש האור לצורך המקבלים שיוכלו לקבל. ולכן בהיות **שיצאו בלתי שלימים וגמורים, חזרו לעלות לשורשן להתתקן ולהשתלם**, ועל ידי כך נעשה כלי, כמו שנכתוב.

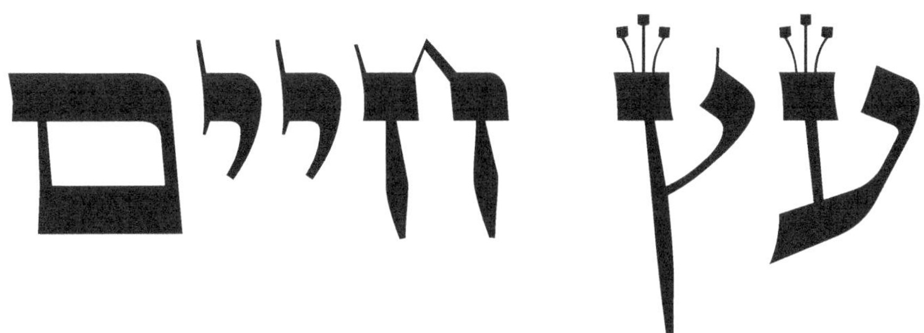

עֵץ חַיִּים

לְרַבֵּינוּ חַיִּים וִיטַאל

שֶׁקִּיבֵּל מִמָּרָן הָאֲרִ"י זלה"ה

שַׁעַר ו'

שַׁעַר הָעֲקוּדִים

פֶּרֶק ג'

חֵלֶק הַתַּרְשִׁימִים טַבְלָאוֹת וְצִיּוּרִים

שִׁמְחַת חַיִּים

הקדמה קצרה

דע כי כל התרשימים הציורים והטבלאות, הם אך ורק לשכך את האוזן, ולשבר את העין. וכל הציורים הם לא שלמים.

כתב הרי"ח הטוב ברב פעלים ח"ב בסוד ישרים ה' - אך דע לך כי סדר התלבשות המחצבים שכתב מהרח"ו בשערי קדושה עד עולם הזה שאנחנו עומדים בו. וכן סדר התלבשות הפרצופים אשר בכל מחצב ומחצב, וסדר התלבשות העולמות זה בזה, והיושר והעיגולים, לא אית אינש דכיל למנלע רזא דנא, איך היא עשוי, איך הוא עומד, ולא אפשר לשכל אנושי לצייר כל הנזכר על אמתיתם, ועל בורריין מפני כי שכל האנושי בהיותו עצור ומונח בגוף גשמיי, אי אפשר לי להשיג דבר רוחני, והוא זה דומה לאדם סומא מן הבטן שלא ראה מאורות מימיו, דודאי אי אפשר לו לצייר מראות השמש והירח הנראין לעיני הבריות, וכל שכן מה שיש למעלה למעלה.

וכן כתב ברב פעלים ח"א בסוד ישרים א' - סוף דבר הכל נשמע, ה' אחד ושמו אחד, ואין לו גוף ולא דמות הגוף, ואין לו שום ציור, ותמונה ודמיון כלל ועיקר, וגם כל העולמות וספירות הקדושים למעלה אין להם ציור ודמיון של גופים האלה כלל, ואין מי שיוכל לידע איך הוא עמידתם וסדרם, ואיך עומדים עולמות היושר ועולמות העיגולים, ואיך מתחברים זה עם זה, ואיך נמשך השפע מזה לזה, ואיך הוא תוארם ומראיהם, ואיך הוא מהות השפע המחיה אותם, ומקיים אותם, וכמה הוא שיעור אורכם וגובהן ורחבם, ואיך הם נכללים זה בזה, ומלבישים זה לזה, כי בכל זאת אין שום שכל אנושי יוכל לדעת, ולהבין, ולהשיג, כלל ועיקר.

הרב ז"ל כתב בשער אח"פ תחילת פ"א וז"ל - כבר ידעת כי אין בנו כח לעסוק קודם אצילות עשר ספירות, ולא לדמות שום דמיון וצורה כלל ח"ו, אך לשכך האזן, אנו צריכים לדבר דרך משל ודמיון, לכן אף אם נדבר במציאות ציור שם למעלה, אין הדבר רק לשכך האזן. אמנם דע כי עשר ספירות דאצילות הם שתי עניינים. האחד הוא התפשטות הרוחניות, והשני הוא כלים ואברים אשר העצמות מתפשט בהם. והנה צריך שיהיה לכל זה שורש למעלה לשתי בחינות אלו, ולכן צריכין אנו לדבר בסדר המדרגות מראש עד סוף, והנה נתחיל ונאמר כי הלא הא"ס ב"ה אין בו שום ציור כלל ח"ו כמבואר.

הרב ז"ל כתב בשער טנת"א פ"א - והנה אף על פי שאנו מכנים וקוראים כאן כנויים אלו כגון אדם ראש אזנים וכיוצא אינו רק לשכך האזן לשיובנו הדברים לכן אנו מכנים כנויים אלו במקום גבוה, עד כאן לשונו.

וכן הרמ"ק בפרדס רימונים ש"ו פ"א - וציירו להם המקובלים צורות ביריעות גדולות וקראום אילן. הרב ז"ל כתב בסוף ש"ה פ"ד וז"ל - ואמנם דבר גלוי הוא כי אין למעלה גוף ולא כח גוף חלילה. וכל הדמיונות והציורים אלו לא מפני שהם כך חס ושלום. אמנם לשכך את האוזן לכשיוכל האדם להבין הדברים העליונים הרוחניים בלתי נתפסים ונרשמים בשכל האנושי, לכן ניתן רשות לדבר בבחינת ציורים ודמיונים, כאשר הוא פשוט בכל ספרי הזוהר. וגם בפסוקי התורה עצמה כולם כאחד עונים ואומרים בדבר הזה כמו שאמר הכתוב עיני ה' המה משוטטים בכל הארץ. עיני ה' אל צדיקים. וישמע ה'. וירח ה'. וידבר ה'. וכאלה רבות וגדולה מכולם מה שאמר הכתוב ויברא אלהים את האדם בצלמו בצלם אלהים ברא אותו זכר ונקבה וגו'. ואם התורה עצמה דברה כך גם אנחנו נוכל לדבר כלשון הזה, עם היות שפשוט הוא שאין שם למעלה אלא אורות דקים, בתכלית הרוחניות, בלתי נתפשים שם כלל, וכמו שאמר הכתוב כי לא ראיתם כל תמונה, וכאלה רבות. ואמנם יש עוד דרך אחרת כדי להמשיך ולצייר בה הדברים העליונים, והם בחינת כתיבת צורת אותיות, כי כל אות ואות מורה על אור פרטי עליון, וגם תמונת זו דבר פשוט הוא כי אין למעלה לא אות, ולא נקודה, וגם זה דרך משל וציור לשכך את האוזן כנזכר. ולכן נבאר עתה הקדמה הנזכר על דרך ציור האותיות גם כן ובבחינת ציורים אלו, הן ציור האדם, והן ציור אותיות, שתיהן מוכרחים להבין ענין האורות העליונים, כאשר תראה ספרי הזוהר בנויים על שתי בחינות הציורים האלה, עד כאן לא.

ולכן גם אנחנו הרשינו לעצמינו לצייר ציורים, תרשימים וטבלאות, אך ורק כדי לשכך את האוזן, ולשבר את העין, כדי להבין את הסוגייה.

אח"י

תרשימים שׁעׁר ו' פרק ג'

<u>סדר שמות שמות ההיכלות והשערים בעץ חיים</u>

שם היכל	שער	שם השער	א	ב	ג	ד	ה	ו	ז	ח	ט	י	יא	יב	יג	יד	טו
אדם קדמון	א	עיגולים ויושר	א	ב	ג	ד	ה										
	ב	השתלשלות י"ס דרך עגו'	א	ב	ג												
	ג	סדר אצילות למהרח"ו	א	ב	ג												
	ד	אח"פ	א	ב	ג	ד	ה										
	ה	טנת"א	א	ב	ג	ד	ה	ו	ז								
	ו	עקודים	א	ב	ג	ד	ה	ו	ז	ח							
	ז	מטי ולא מטי	א	ב	ג	ד	ה										
נקודים	ח	דרושי נקודות	א	ב	ג	ד	ה	ו									
	ט	שבירת הכלים	א	ב	ג	ד	ה	ו	ז	ח							
	י	תיקון	א	ב	ג												
	יא	מלכים	א	ב	ג	ד	ה	ו	ז	ח	ט	י					
הכתרים	יב	עתיק	א	ב	ג	ד	ה										
	יג	א"א	א	ב	ג	ד	ה	ו	ז	ח	ט	י	יא	יב	יג	יד	
או"א	יד	או"א	א	ב	ג	ד	ה	ו	ז	ח	ט	י					
	טו	זווגים	א	ב	ג	ד	ה	ו									
	טז	הולדת או"א וזו"ן	א	ב	ג	ד	ה	ו	ז								
ז"א	יז	ז"א	א	ב	ג	ד											
	יח	רפ"ח נצוצין	א	ב	ג	ד	ה	ו									
	יט	אנ"ך	א	ב	ג	ד	ה	ו	ז	ח	ט	י					
	כ	המוחין	א	ב	ג	ד	ה	ו	ז	ח	ט	י	יא	יב			
	כא	לידת המוחין	א	ב	ג												
	כב	מוחין דקטנות	א	ב	ג												
	כג	מוחין דצלם	א	ב	ג	ד	ה	ו	ז	ח							
	כד	פרקי הצלם	א	ב	ג	ד	ה	ו	ז								
	כה	דרושי הצלם	א	ב	ג	ד	ה	ו	ז	ח							
	כו	צלם	א	ב	ג	ד											
	כז	פרטי עי"מ	א	ב	ג	ד											
	כח	עיבורים	א	ב	ג	ד	ה										
	כט	נסירה	א	ב	ג	ד	ה	ו	ז	ח	ט						
	ל	פרצופים	א	ב	ג	ד	ה	ו	ז								
	לא	פרצופי זו"ן	א	ב	ג	ד	ה										
	לב	הארת המוחין	א	ב	ג	ד	ה	ו	ז	ח	ט						
	לג	אונאה	א	ב	ג	ד	ה										
נוק' דז"א	לד	תיקון הנוקבא	א	ב	ג	ד	ה	ו	ז								
	לה	הירח	א	ב	ג	ד	ה										
	לו	מעוט הירח	א	ב	ג	ד											
	לז	יעקב ולאה	א	ב	ג	ד	ה										
	לח	לאה ורחל	א	ב	ג	ד	ה	ו	ז	ח	ט						
	לט	מ"ן ומ"ד	א	ב	ג	ד	ה	ו	ז	ח	ט	י	יא	יב	יג	יד	טו
	מ	פנימיות וחצוניות	א	ב	ג	ד	ה	ו	ז	ח	ט	י	יא	יב	יג	יד	טו
	מא	חשמל	א	ב	ג												
אבי"ע	מב-א	דרושי אבי"ע	א	ב	ג	ד	ה	ו	ז	ח	ט	י	יא	יב			
	מב-ב	כללות אבי"ע	א	ב	ג	ד											
	מג	ציור עולמות אבי"ע	א	ב	ג	ד											
	מד	שמות	א	ב	ג	ד	ה	ו	ז								
	מה	מקיפין	א	ב	ג	ד											
	מו	כסא הכבוד	א	ב	ג	ד	ה	ו									
	מז	סדר אבי"ע	א	ב	ג	ד	ה	ו									
	מח	קליפות	א	ב	ג	ד											
	מט	קליפת נוגה	א	ב	ג	ד	ה	ו	ז	ח	ט						
	נ	קיצור אבי"ע	א	ב	ג	ד	ה	ו	ז	ח	ט	י					

טבלת ערכים

עולמות	אדם קדמון	אצילות	בריאה	יצירה	עשיה
פרצופים	ע"י וא"א	אבא	אמא	ז"א	נוקבא
ספירות	כתר	חכמה	בינה	חג"ת נה"י	מלכות
הוי"ה	קוץ של י'	י	ה	ו	ה
אורות	יחידה	חיה	נשמה	רוח	נפש
מילוי	שורש הוי"ה	ע"ב - יוד הי ויו הי	ס"ג - יוד הי ואו הי	מ"ה - יוד הא ואו הא	ב"ן - יוד הה ו הה
תנת"א	שורשים	טעמים	נקודות	תגין	אותיות
נקודות	קמ"ץ	פתח	צרי	סגול, שוה, חולם חיריק, קבוץ, שורוק	אין ניקוד
אדם	גולגלתא	מוח ימין	מוח שמאל	גוף וברית	עטרת היסוד
מל"ץ	מ - מקיף, יחידה	ל - מקיף, חיה	מוח	לב	כבד
שנגל"ה	שורש	נשמה	גוף	לבוש	היכל
ר"ב פרצופים	עו"ן ואו"ן	או"א עלאין	ישסו"ת	זו"ן	יעו"ר
כל צמא	אורות	מוחין	צלמים	לבושים	כלים
אברים	מוח	עצמות	גידין	בשר	עור
חושים	מוח	ראיה	שמיעה	ריח	דיבור
מחצבים	א"ס	ספירות	נשמות	מלאכים	חושך
צלם	מ' מקיף ב'	ל' מקיף א'	צ' מוח	צ' לב	צ' כבד
דחצ"מ	אלוקות	מדבר	חי	צומח	דומם
יסודות	יולי	מים	אש	רוח	עפר
רקיעים	ערבות	ערבות	ערבות	מכון, מעון, זבול שחקים, רקיע	וילון
גלגלים	גלגל השכל	גלגל היומי	מזלות	ככבים	לבנה
היכלות	קודש קודשים	קודש קודשים	קודש קודשים	אהבה, זכות, רצון, עצם השמים, לבנת הספיר	לבנת הספיר
מילוי הוי"ה		מ"ו - וד י יו י	לז - וד י או י	יט - וד א או א	כו - וד ה ו ה
אהי"ה		קס"א - אלף הי יוד הי	קס"א - אלף הי יוד הי	קמ"ג - אלף הא יוד הא	קנ"א - אלף הה יוד הה

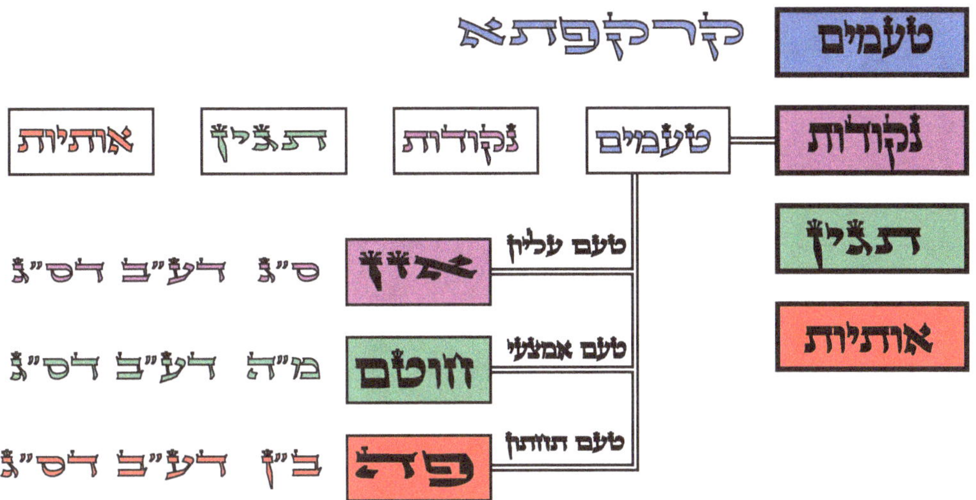
קרקפתא
טעמים
אותיות תגי"ן נקודות טעמים נקודות
תגי"ן
אותיות
טעם עליון אריך ס"ג דע"ב דס"ג
טעם אמצעי חוטם מ"ה דע"ב דס"ג
טעם תחתון פרצוף בו"ן דע"ב דס"ג

א"ק
מצח
עין
אוזן
חוטם
פה
שבולת הזקן
חזה
טבור
קו אור חוזר דע"ב דאריך
קו אור חוזר דס"ג
קו אור ישר דס"ג
כתר
בינה חכמה בינה חכמה
דעת יש"ס תבונה
גבורה חסד דעת
תפארת חסד
גבורה
תפארת
הוד נצח נצח הוד
יסוד יסוד
מלכות מלכות
עולם הברודים עולם הנקודים

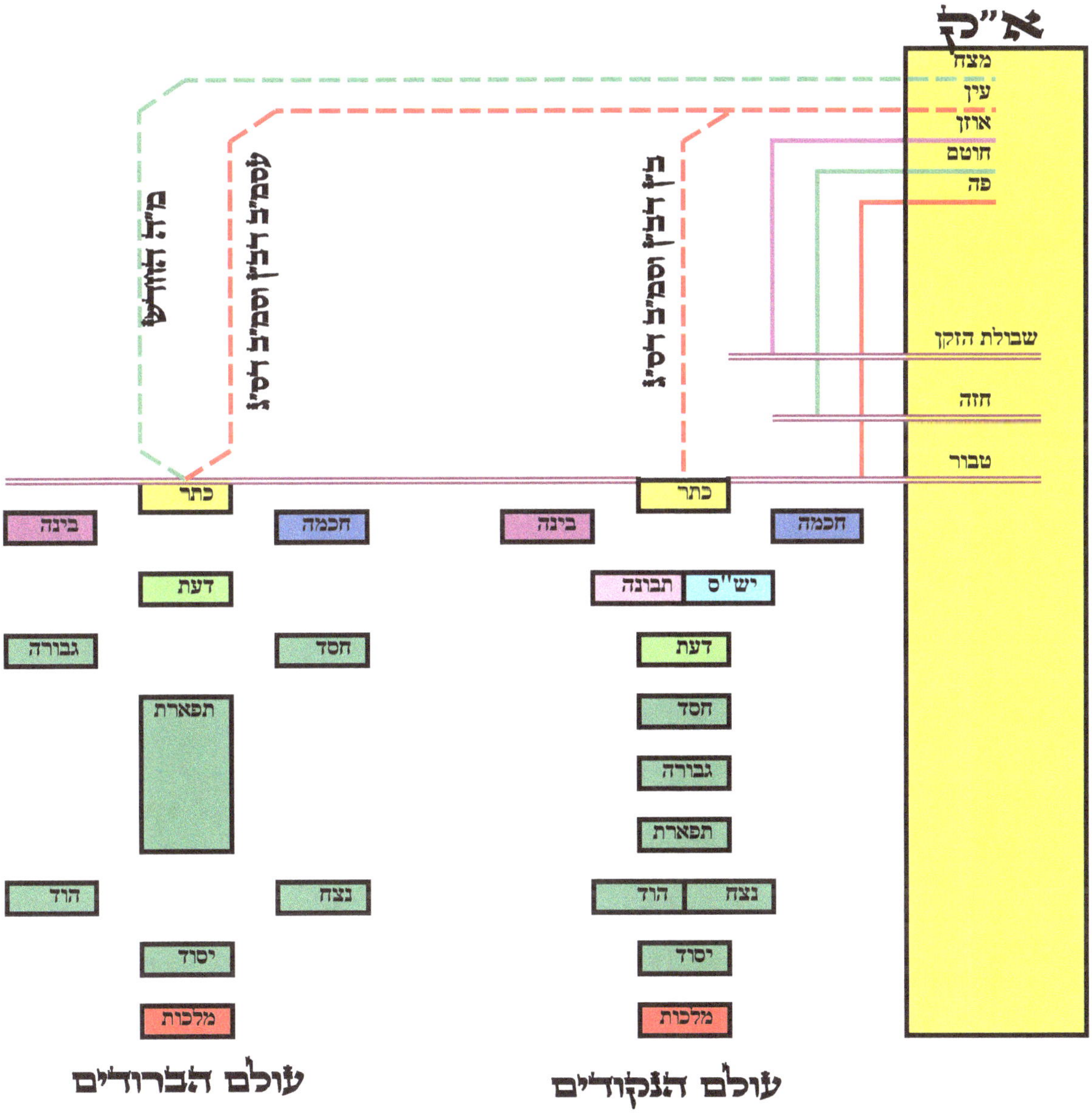

תרשימים שער ו' פרק ג'

תרשים ג - ג

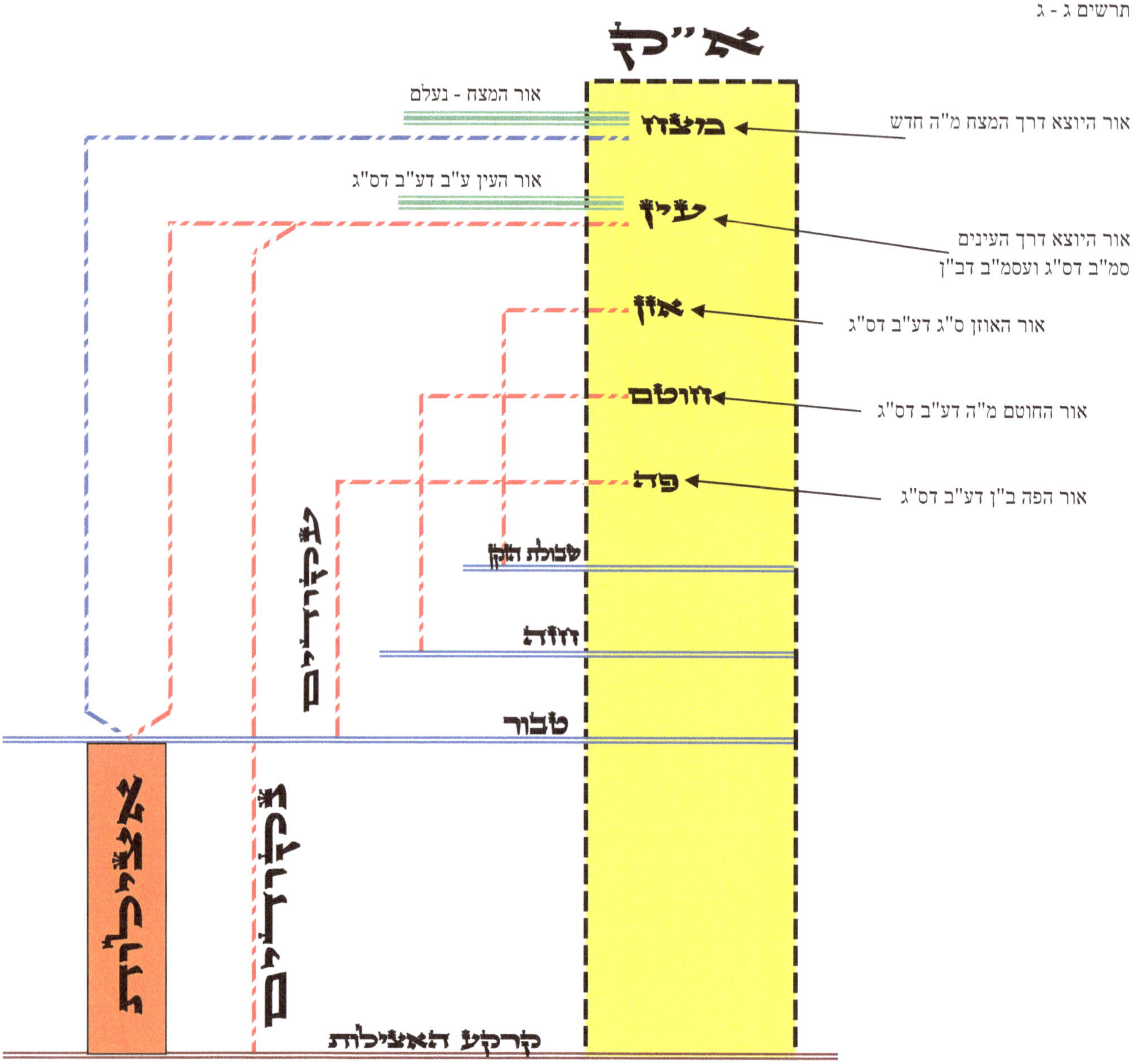

א"ק

אור המצח - נעלם
אור היוצא דרך המצח מ"ה חדש
מצח

אור העין ע"ב דע"ב דס"ג
אור היוצא דרך העינים סמ"ב דס"ג ועסמ"ב דב"ן
עין

אזן
אור האוזן ס"ג דע"ב דס"ג

חוטם
אור החוטם מ"ה דע"ב דס"ג

פה
אור הפה ב"ן דע"ב דס"ג

שבולת הזקן
חזה
טבור

אצילות
נקודים
נקודים
קרקע האצילות

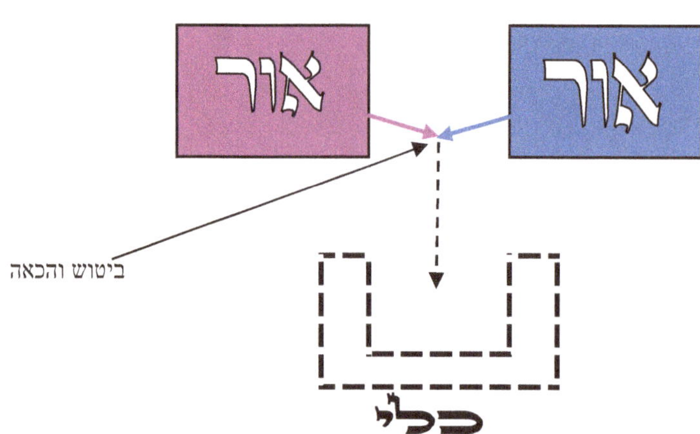

תרשים ג - ד
אור
אור
ביטוש והכאה
כלי

תרשים ג - ה

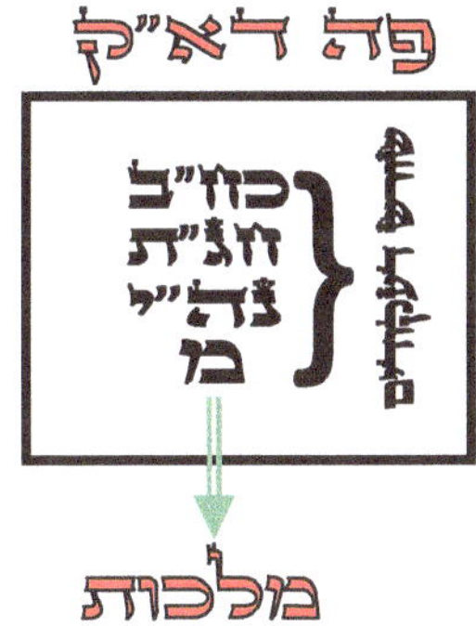

תרשים ג - ו

תרשים ג - ה

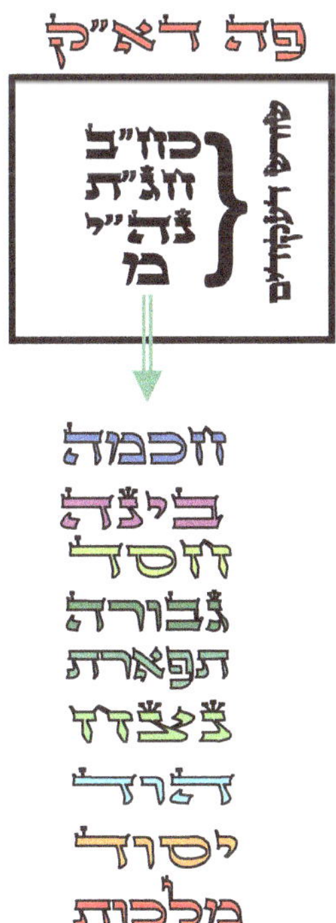

תרשים ג - ח

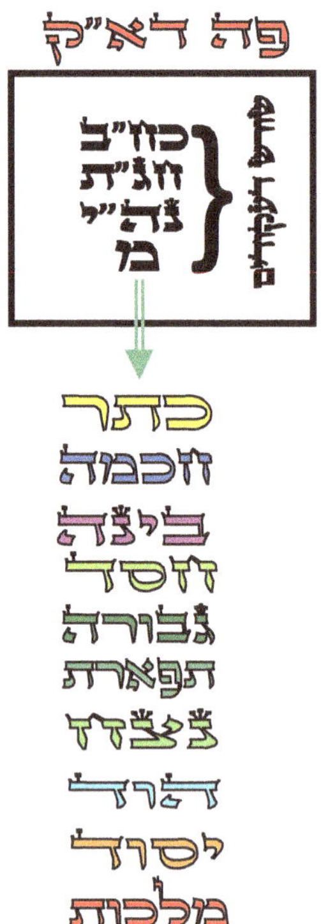

תרשים ג - ט

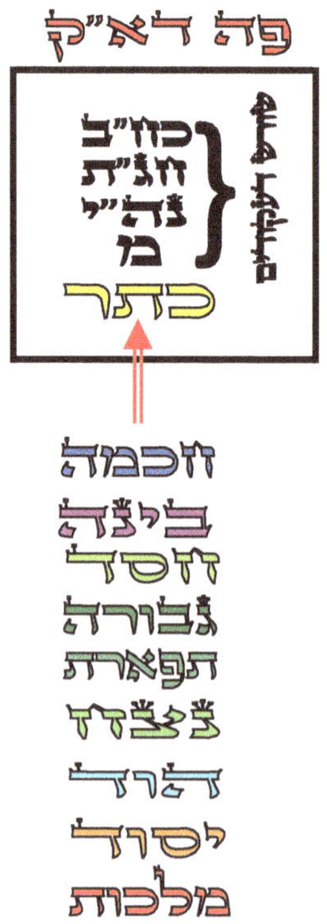

תרשים ג - י

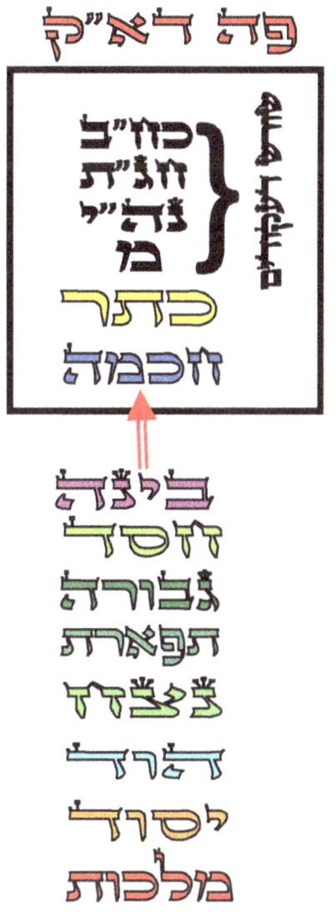

תרשים ג - י"א

פה דא"ק
שום ושעשועים
נ כח"ב
חג"ת
נה"י
מ
כתר
חכמה
בינה
חסד
גבורה
תפארת
נצח
הוד
יסוד
מלכות

פה דא"ק
שום ושעשועים
נ כח"ב
חג"ת
נה"י
מ
כתר

חכמה | כלי הכתר
בינה | כלי החכמה
חסד | כלי הבינה
גבורה | כלי החסד
תפארת | כלי הגבורה
נצח | כלי התפארת
הוד | כלי הנצח
יסוד | כלי ההוד
מלכות | כלי היסוד
| כלי המלכות

פה דא"ק
שום ושעשועים
נ כח"ב
חג"ת
נה"י
מ

כתר | כלי הכתר
חכמה | כלי החכמה
בינה | כלי הבינה
חסד | כלי החסד
גבורה | כלי הגבורה
תפארת | כלי התפארת
נצח | כלי הנצח
הוד | כלי ההוד
יסוד | כלי היסוד
מלכות | כלי המלכות

תרשים ג - י"ד

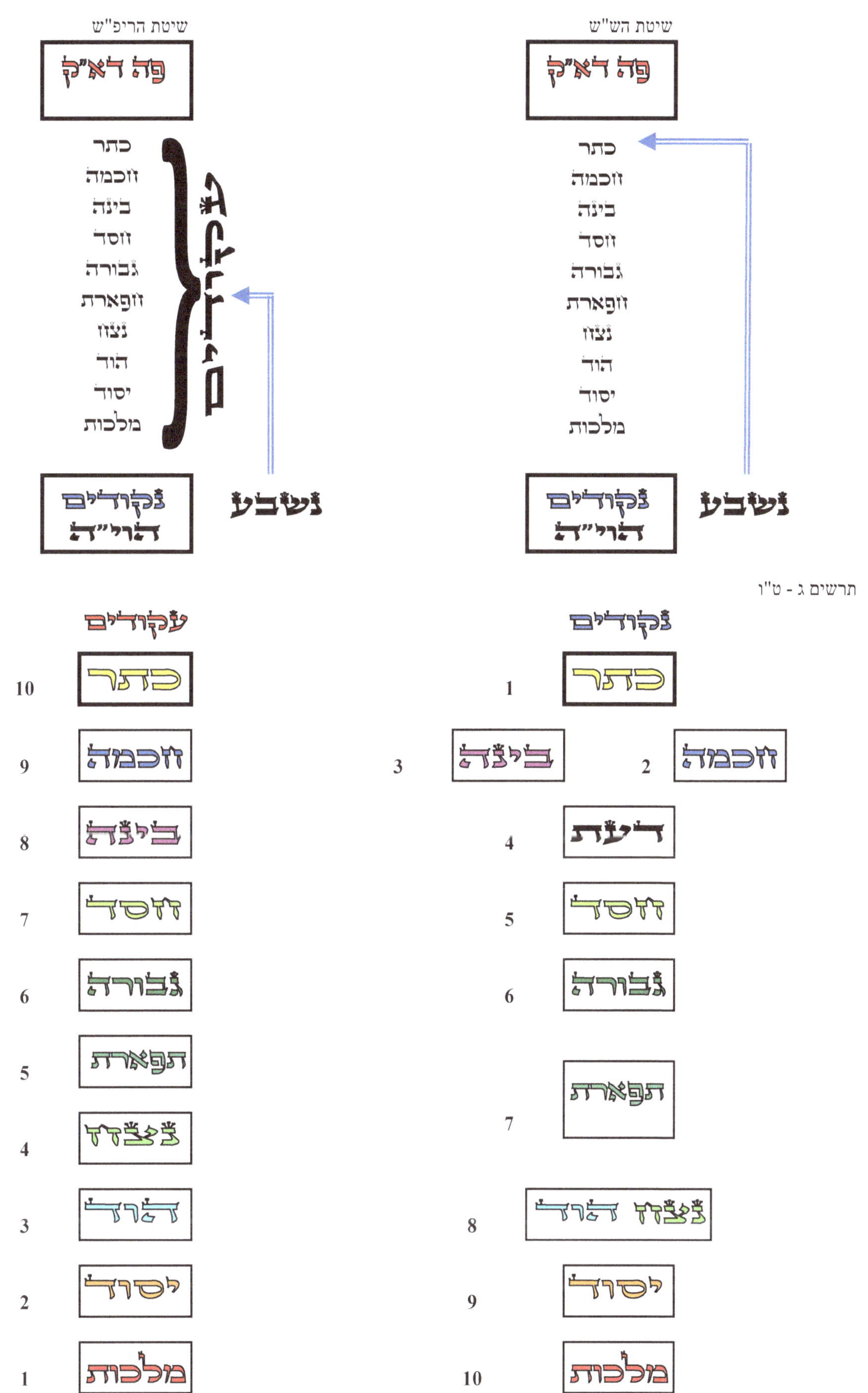

תרשים ג - ט"ו

תרשימים שׁער ו' פרק ג'

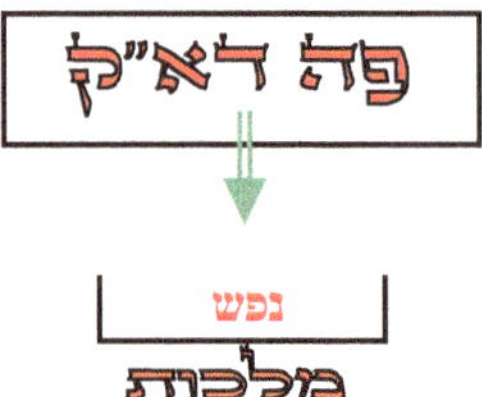

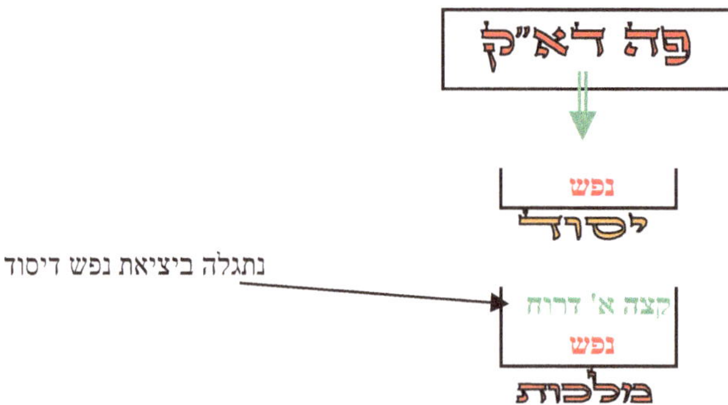

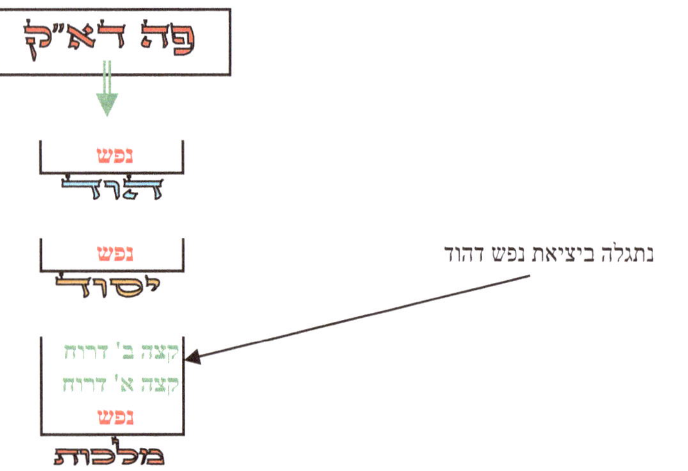

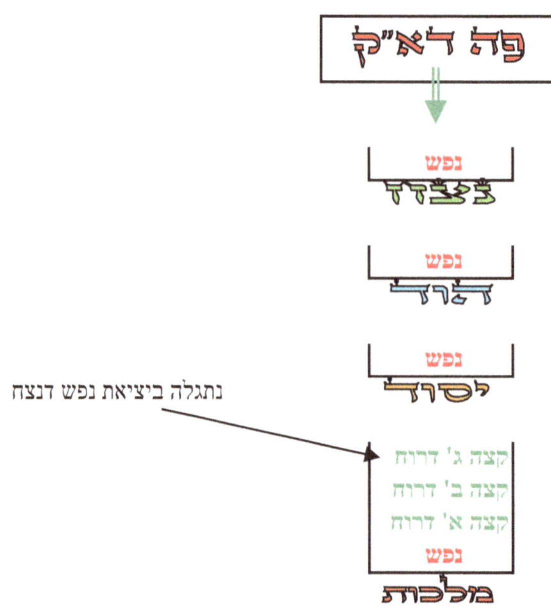

תרשימים שׁער ו' פרק ג'

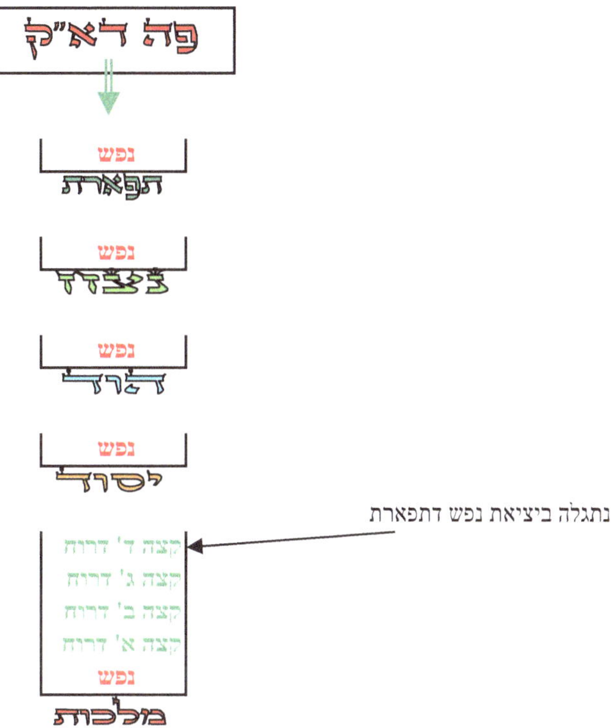

נתגלה ביציאת נפש דתפארת

נתגלה ביציאת נפש דגבורה

תרשים ג - כ"ב

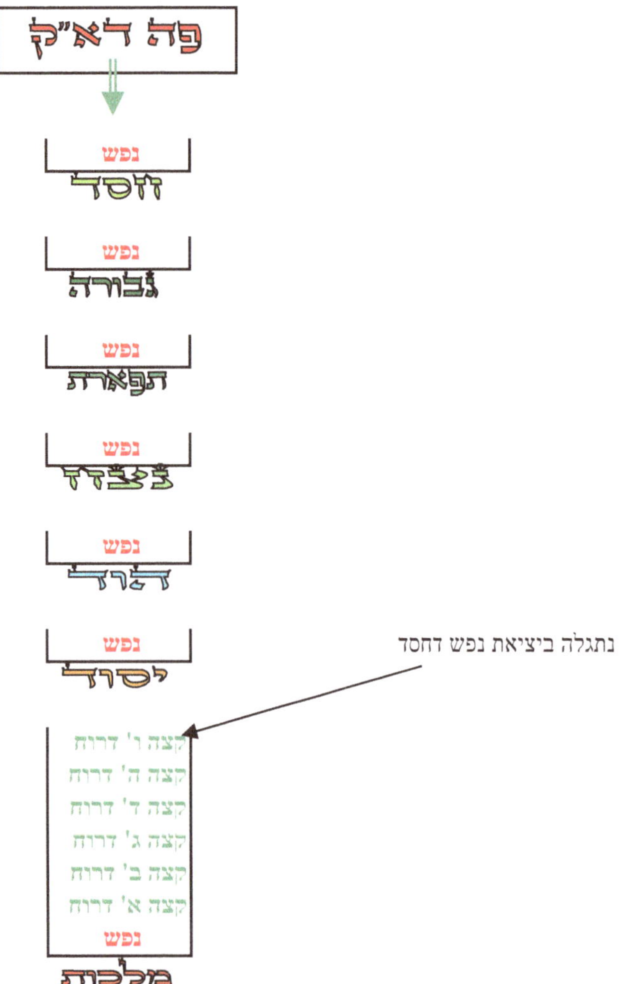

נתגלה ביציאת נפש דחסד

תרשים ג - כ"ג

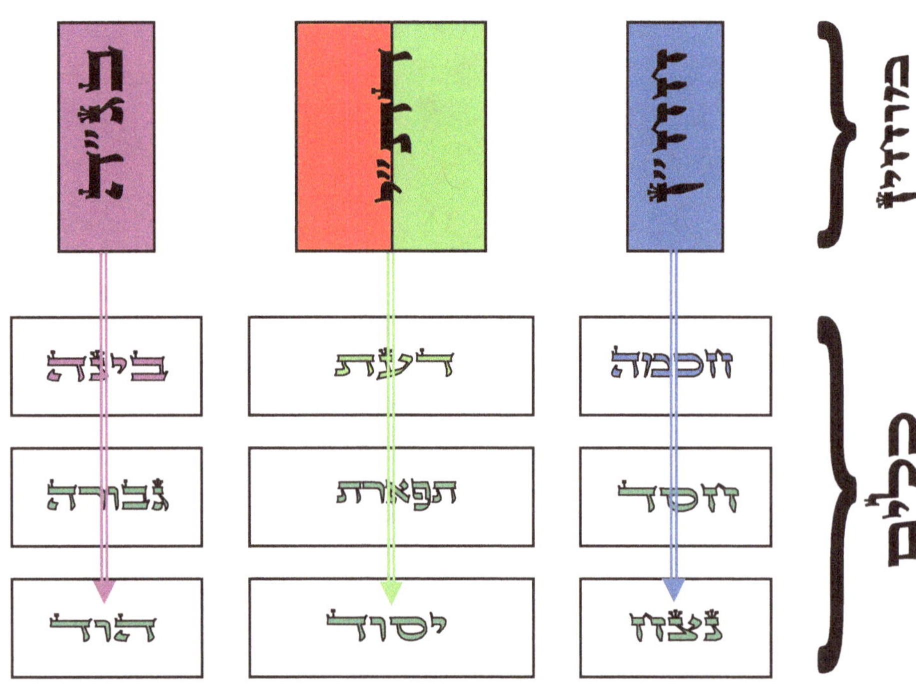

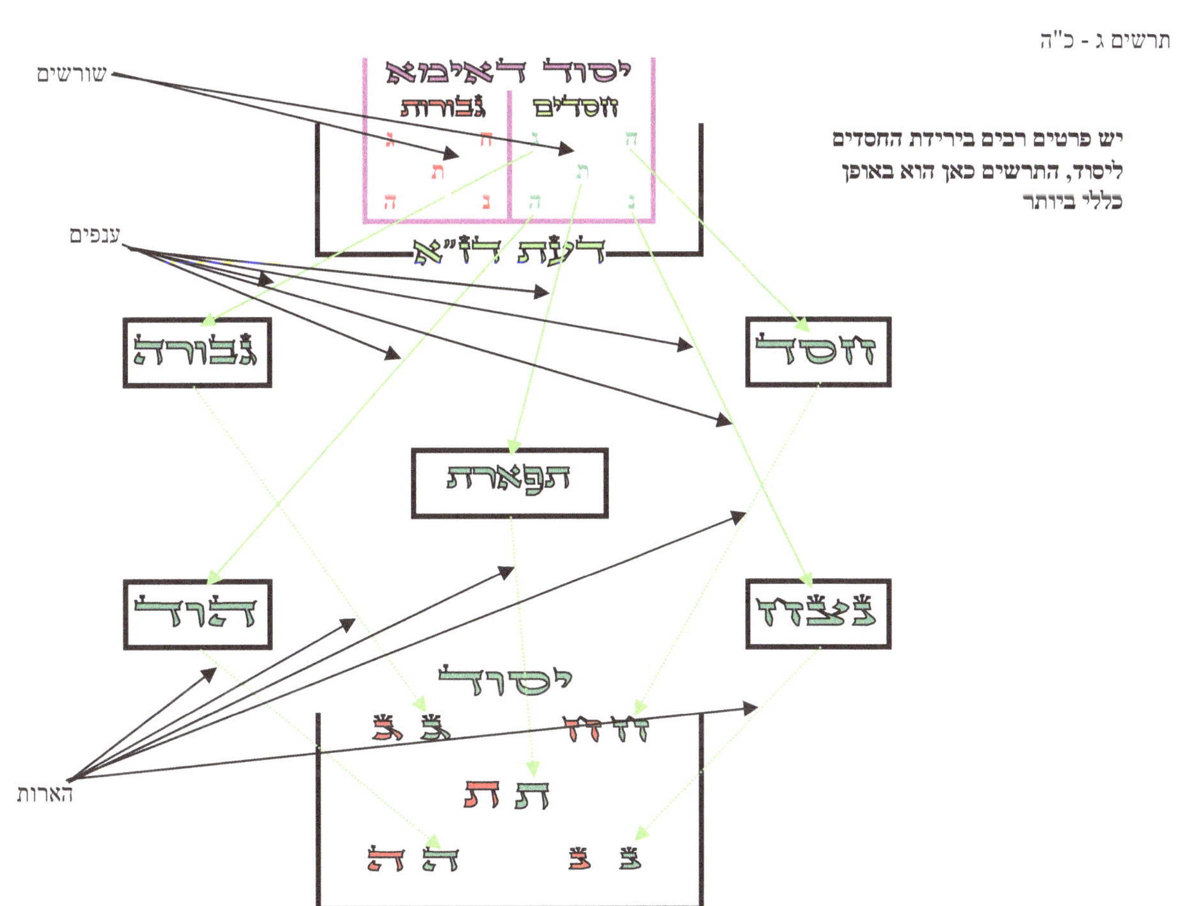

יש פרטים רבים בירידת החסדים
ליסוד, התרשים כאן הוא באופן
כללי ביותר

תרשימים שער ו' פרק ג'

יכוין להמשיך כללות ה"ח
לדעת הממחון ליסוד דז"א.

ולהמשיך מהדעת את ה"ג
ליסוד דז"א ממחא לעילא הב'
גבורות דמו"ג לנ"ה דיסוד
והמנ"ה לתג"ת שבחיסוד.

כללות ה"ח

יְהֹוָה   יְהֹוָה

יְהֹוָה

יְהֹוָה   יְהֹוָה

ולהוציא הכ"ש דמ"ח וג"ה
דמקדיס דז"א מיסוד דאי' ושם
מתרבה חורם ונגדלים, ונכפלת
הארס   ולהמשיכס ליסוד
דז"א.

ב"ש דמ"ח וג"ה דמקדיס

ו ה

יְהֹוָה   יְהֹוָה

ולהמשיך מהדעת אם ה"ג
ליסוד דז"א ממחא לעילא הב'
גבורות דמו"ג לנ"ה דיסוד
והמנ"ה לתג"ת שבחיסוד.

ה"ג

יְהֹוָה   יְהֹוָה

יְהֹוָה

יְהֹוָה   יְהֹוָה

ג' בלי יסוד דח"א

יאהדונהי

שין, שין דלת, שין דלת יוד.

שין דלת יוד

להמתיק ג' גבורות פחות שליש דתג"ת שבחני"ה דיסוד,
בשלושה חסדיס פחות שליש שבחני"ה דיסוד.

חסד דהוד	ב"ש דמ"ח דמקדיס	חסד דנצח
יְהֹוָה	ו ה	יְהֹוָה
ממתיק לגבורה דחסד	ממתיק לב"ש דגבורה דמ"ח	ממתיק לגבורה דגבורה
יְהֹוָה	ו ה	יְהֹוָה

להעלות כפל חור החוזר דחסדיס דב' שלישי מ"ח וני"ה מן תני"ה דיסוד, דרך קו אמלעי,
ולהמתיק השלש העליון דגבורה דחסד דמ"ח ומו"ה דגבורה שבחו"ג דיסוד.

יְהֹוָה	יְהֹוָה	יְ הֹ	יְהֹוָה
חסד דהוד עולה דרך הח"ת		ב"ש דמ"ח דמקדיס ממתיק	חסד דנצח עולה דרך הח"ת
וממתיק לגבורה דנצח		לשלש עליון דמ"ח דגבורות	וממתיק לגבורה דהוד
יְהֹוָה	יְהֹוָה	ו ה	יְהֹוָה

להעלות אור החוזר דמקדיס הנז' מיסוד דז"א, למקדיס העליונים דתג"ת שבמןך יסוד דאימא
שבמזה דז"א, (או"פ שלהס לתוך היסוד ואו"מ שלהס ע"ג היסוד דאימא, ועי"כ נבקע היסוד דאימא)
ועי"כ מתרבים התקדיס הנז' דתג"ת ונכפלים,

ולהעלות הכפל דב"ש העליונים דחסד לחכמה, ושלש מחחון לחסדיס דדעת,
וב"ש העליונים דגבורה לבינה, ושלש מחחון לגבורה דדעת,

וב"ש העליונים דאו"ח דמ"ח לכתר דז"א שבתג"ת דישסו"ת,
ושלש או"ח דתקד הנז' דמ"ח להעלות ע"ג כתר דנוק' דרך התחזה.

יְהֹוָה יְהֹוָה	יְהֹוָה יְהֹוָה	יְהֹוָה יְהֹוָה	יְהֹוָה יְהֹוָה
להעלות או"ח דב"ש חסד דגבורה לבינה דז"א	להעלות או"ח דש"ח דתקד דגבורה לנבורות דדעת	להעלות או"ח דש"ח דחסד דחסד להסדיס דדעת	להעלות או"ח דב"ש תסד דחסד לחכמה דז"א
יְהֹוָה יְהֹוָה	יְהֹוָה יְהֹוָה	יְהֹוָה יְהֹוָה	יְהֹוָה יְהֹוָה

יְהֹוָה

או"ח דב"ש עליונים דמ"ח דתסד
עולה לב"ש מ"ת דישסו"ת

יְהֹוָה

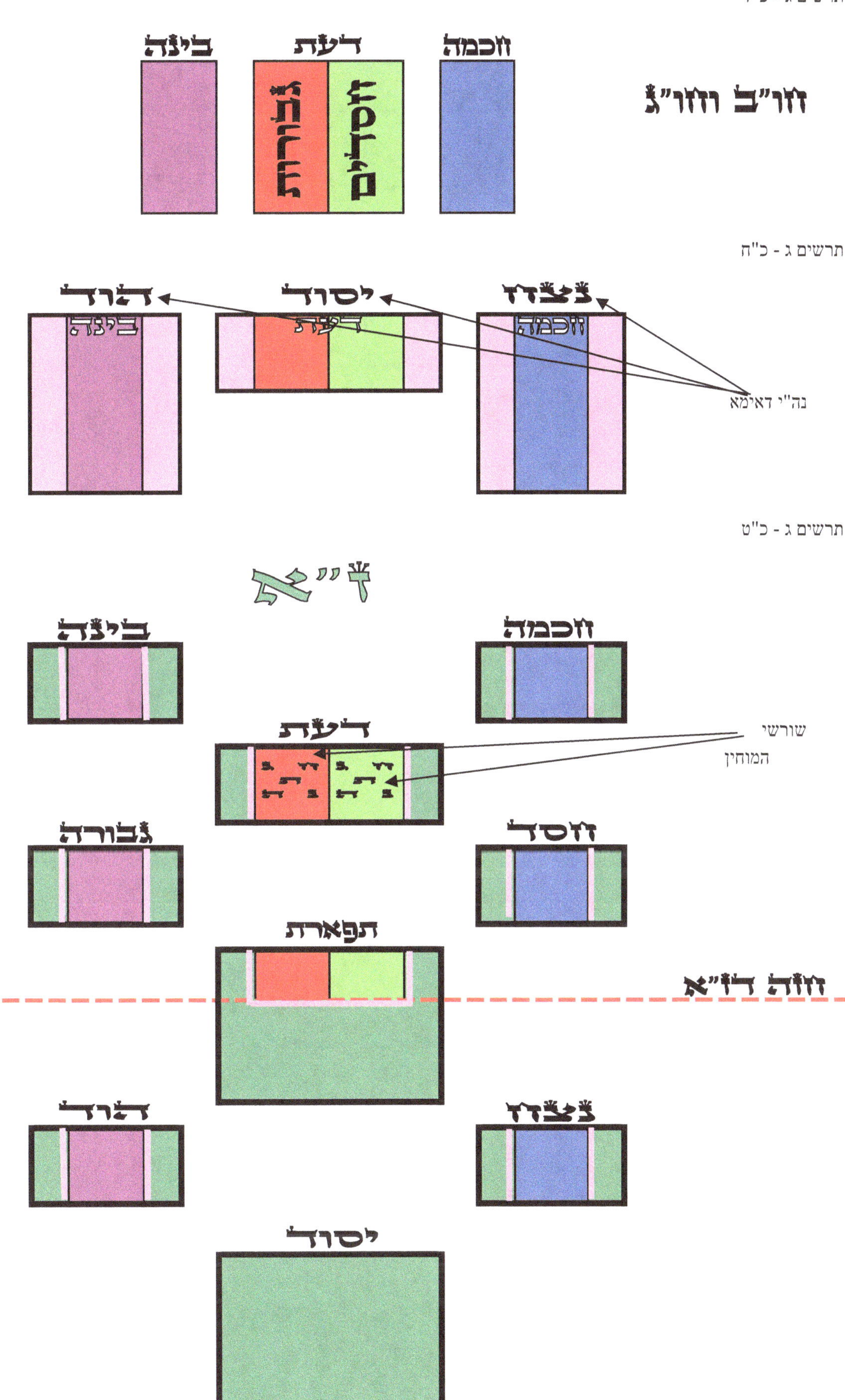
תרשים ג - כ"ז
בינה
דעת
חכמה
חסדים
גבורות
זו"ב וזו"ג
תרשים ג - כ"ה
הוד
בינה
יסוד
דעת
נצח
חכמה
נה"י דאימא
תרשים ג - כ"ט
ז"א
בינה
חכמה
דעת
שורשי המוחין
גבורה
חסד
תפארת
חזה דז"א
הוד
נצח
יסוד

תרשים ג - ל

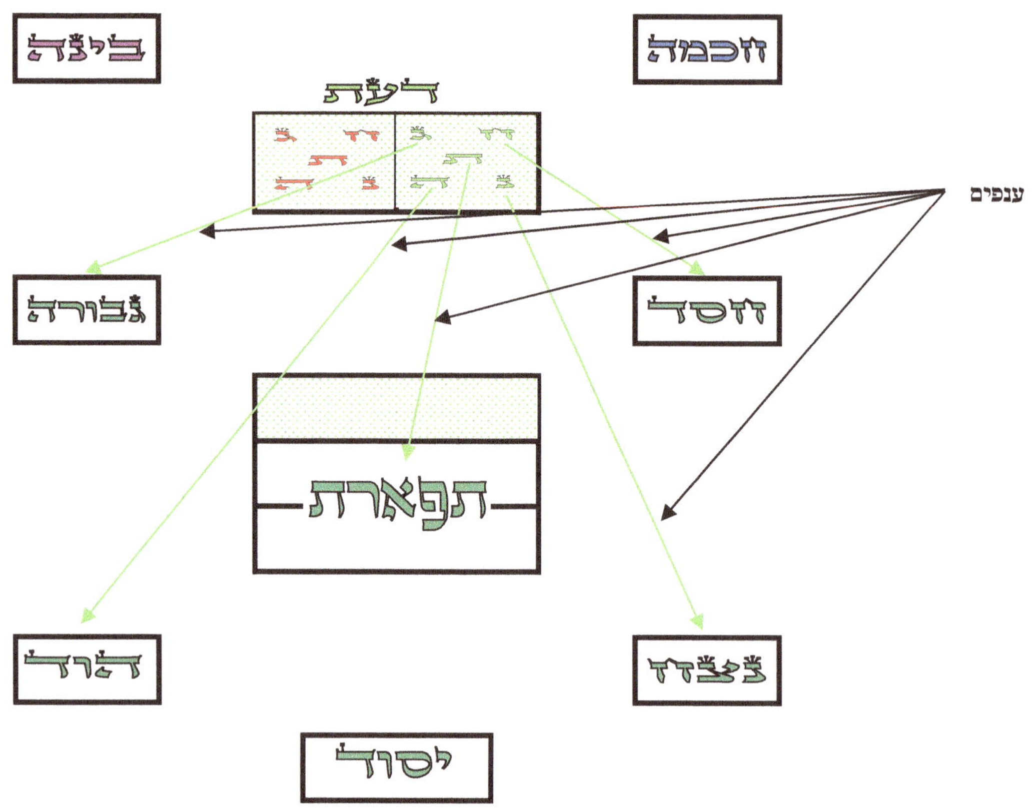

תרשים ג - ל"א

להמשיך הארת ה"ג מהארת יסוד דאימא שנתב"ד דז"א
ליסוד דז"א. ושם נעשים הוי"ה ה'.

בנצפך

ס"ג

יֱהֹוֵה   יְהֹוָה

יֱהֹוֵה

יְהֹוָה   יֱהֹוֵה

ג' כלי יסוד ח"א
יאהדונהי
שין, שין דלת, שין דלת יוד.
שין דלת יוד

יֱהֹוֵה   גי' כ"ו

ס"ג

יֱהֹוֵה   יְהֹוָה

יְהֹוָה   ק"ל

יֱהֹוֵה   יְהֹוָה

ומיסוד דז"א לדעת דנוק' ושם
מתחלקים לה' הוי"ת גי' ק"ל.

ואח"כ מתפשטים בו"ק שלה בבחינת
ריבוע ע"ב לחג"ת דנוק'.

י יה יהו יְהֹוָה   ע"ב
הרי כ"ו ק"ל ע"ב גי' ברוך.

יכוין להמשיך הארת יסוד דאבא המלובש ביסוד דאימא ליסוד דז"א, ולהמשיך הארת ב'
היסודות עם הארת החו"ג ליעקב ורחל להעלותם לאחורי היסוד הכלולים עמהם כל בי"ע
שהיו בבריאה.

יכוין להמשיך כל הארות אלו דרך פנים דמלכות דכתר דז"א
ופנים דמלכות דחכמה ואחוריה

יהוה   כ"ו   פנים דמלכות דכתר

יהוה יוד הא ואו הא ע"ב   פנים דמלכות דחכמה

יוד, יוד הא, יוד הא ואו, יוד הא ואו הא   ק"ל   אחוריס דמלכות דחכמה
הרי כ"ו ק"ל ע"ב גי' ברוך.

תרשים ג - ל"ב

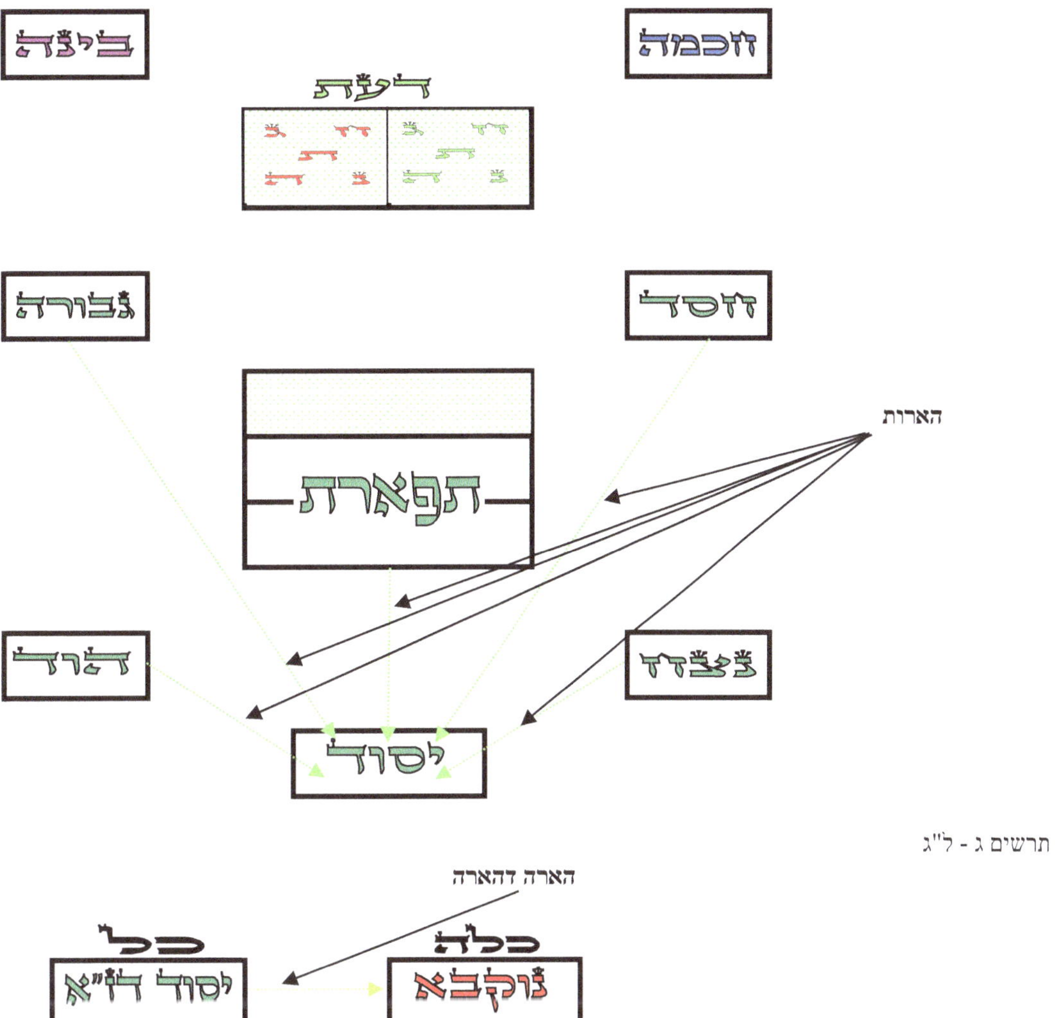

תרשים ג - ל"ג

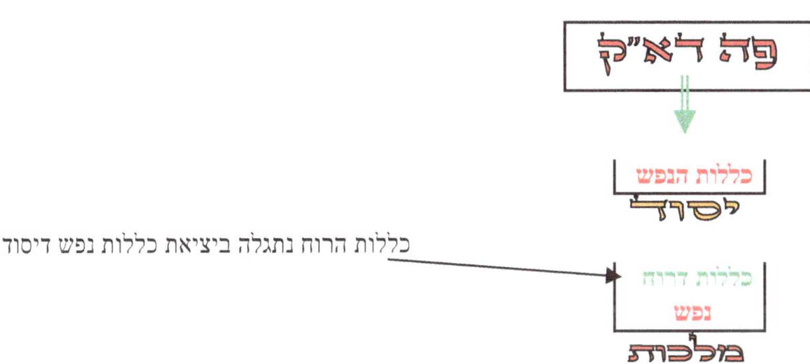

תרשים ג - ל"ד

כללות הרוח נתגלה ביציאת כללות נפש דיסוד

תרשימים שער ו' פרק ג'

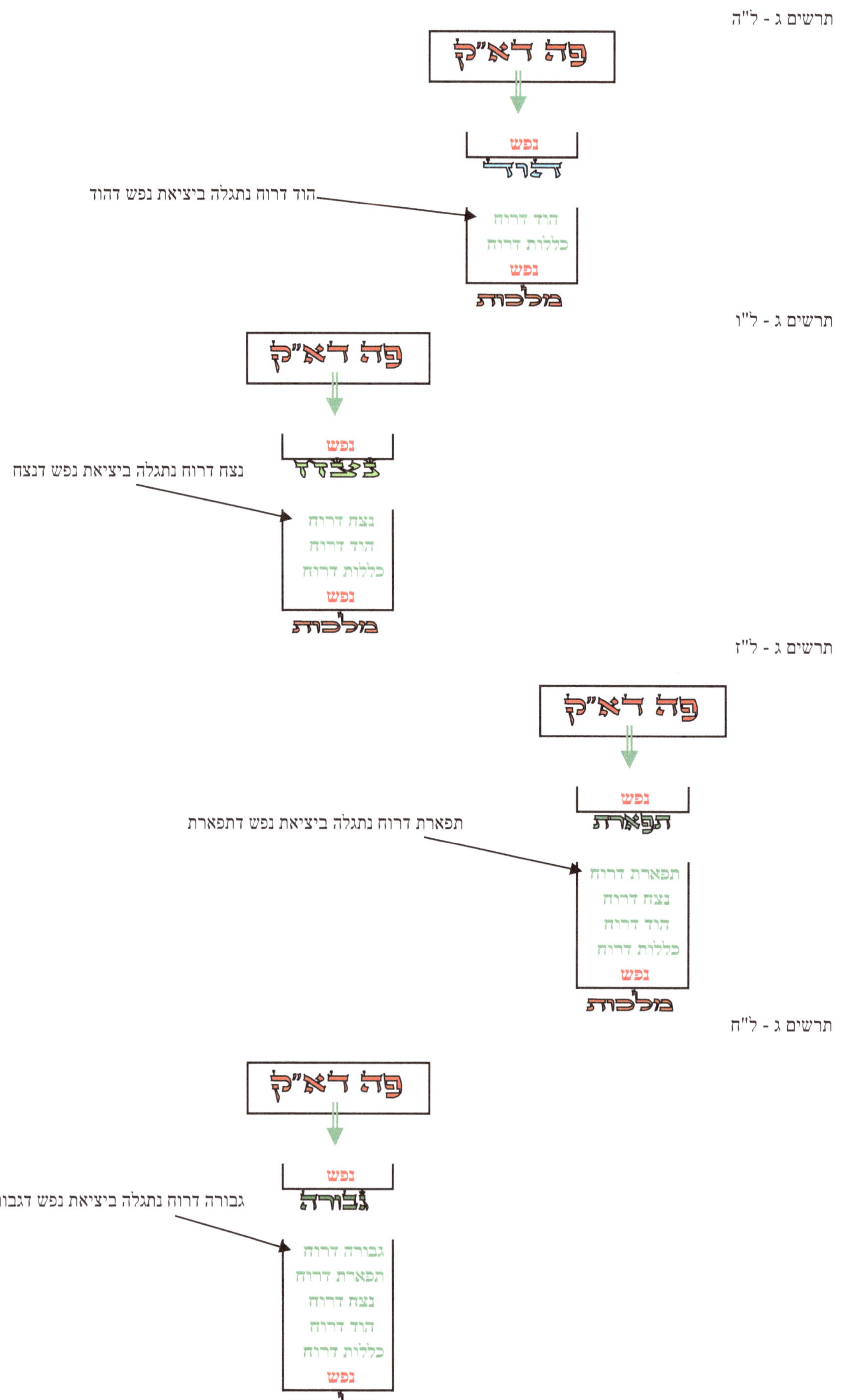

תרשים ג - ל"ט

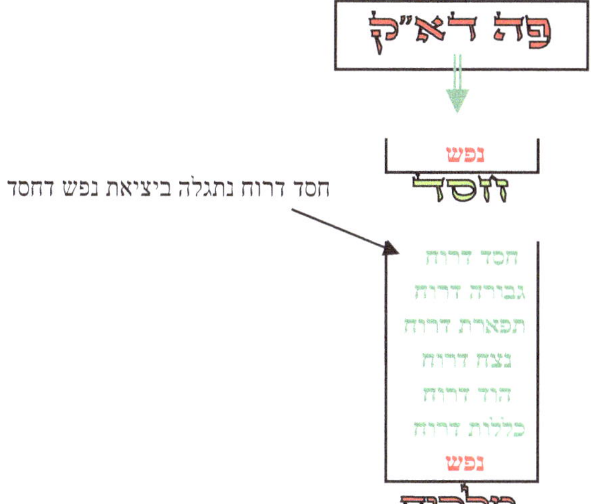

תרשים ג - מ

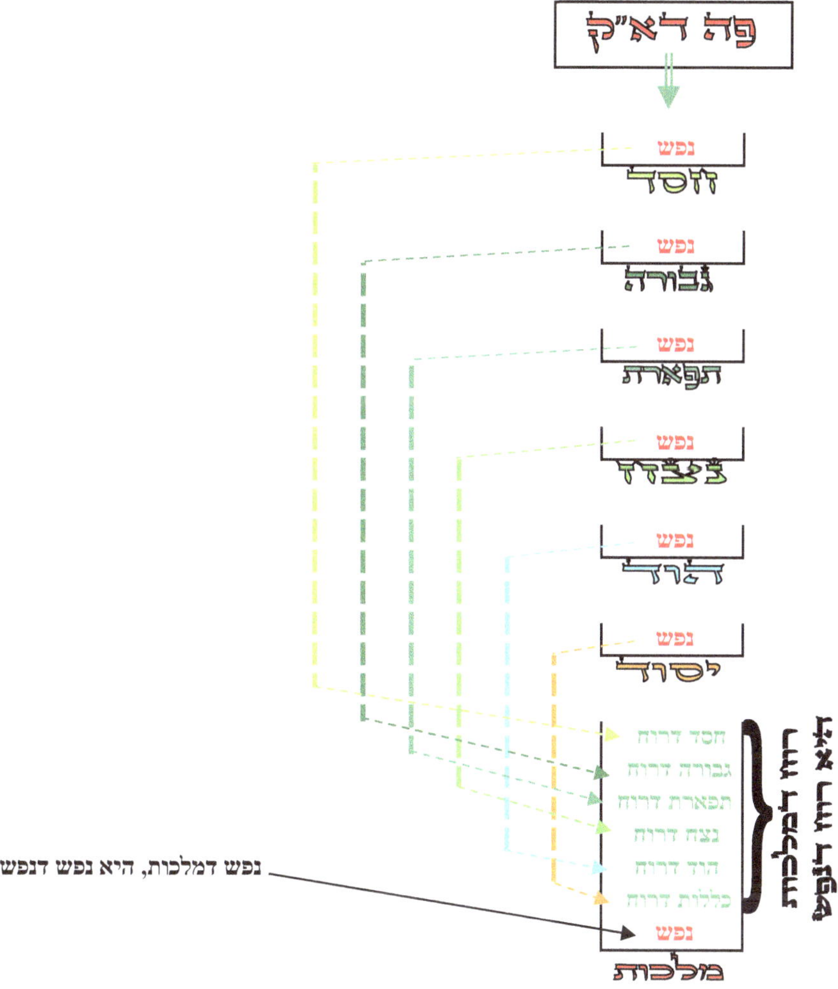

תרשים ג - מ"א

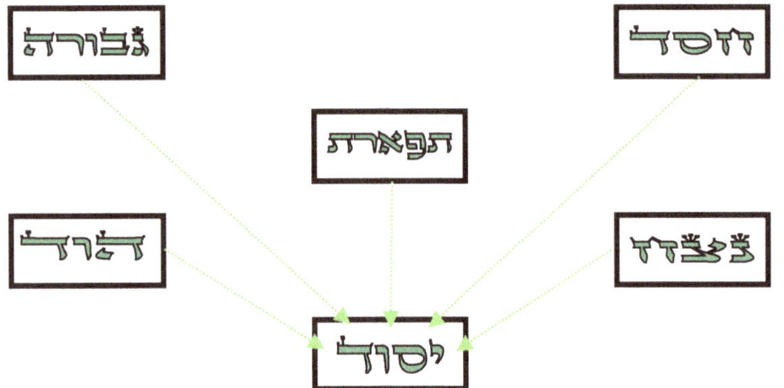

תרשים ג - מ"ב

תרשים ג - מ"ג

יציאת הכתר	יציאת החכמה	יציאת הבינה	יציאת ו"ק	יציאת המלכות
כתר	חכמה	בינה	ז"א	מלכות
נפש	נפש	נפש	נפש	נפש
חכמה	בינה	ז"א	מלכות	
רוח	רוח	רוח	רוח	
נפש	נפש	נפש	נפש	
בינה	ז"א	מלכות		
רוח	רוח	רוח		
נפש	נפש	נפש		
בשמה	בשמה	בשמה		
ז"א	מלכות			
חיה	חיה			
רוח	רוח			
נפש	נפש			
בשמה	בשמה			
מלכות				
יחידה				
חיה				
רוח				
נפש				
בשמה				

תרשים ג - מ"ה

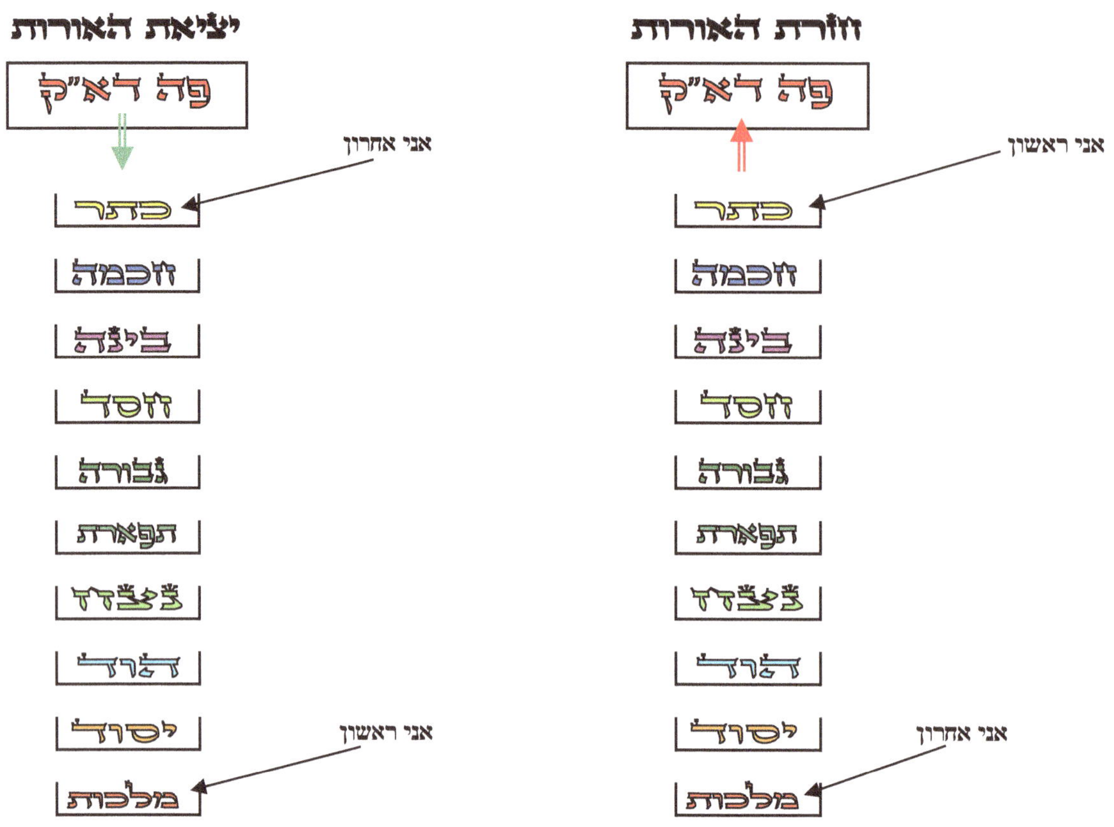

תרשים ג - מ"ו

תרשים ג - מ"ז

הכתר היה בחינת נפש, ועלה למאציל להשתלם.

החכמה היתה בחינת נ"ר, ועלתה למקום הכתר, וקבלה את בחינת אור הנשמה הפנימי.

הבינה היתה בחינת בר"נ, ועלתה למקום החכמה, וקבלה את בחינת אור החיה הפנימי.

ז"א היה בבחינת נרנ"ח, ועלה ( ) כל קצה למדרגה יותר גבוהה, כאשר היסוד עלה למקום הבינה(,, וקיבל את אור היחידה הפנימי.

המלכות היתה בבחינת נרנח"י, ועלתה למקום היסוד, וקיבלה את המקיף דחיה.

תרשים ג - מ"ח

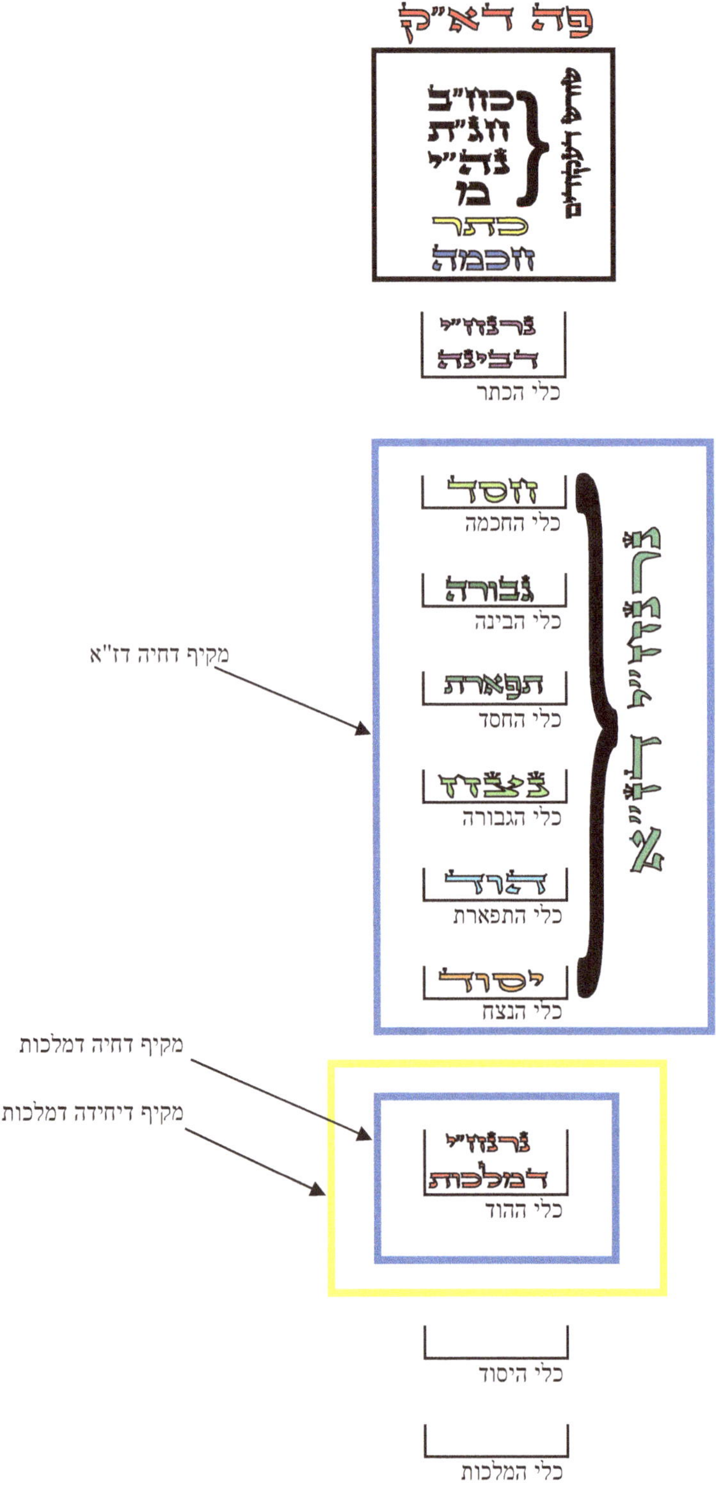

החכמה היתה בבחינת נר"ג, עלתה לכתר להשתלם.

הבינה היתה בבחינת ברנ"ח, עלתה למקום הכתר, וקבלה את בחינת היחידה.

ז"א היה בבחינת ברנח"י, ועלה ( ) כל קצה למדרגה יותר גבוהה, כאשר היסוד עלה למקום החכמה(, וקיבל את מקיף החיה.

למלכות היה ברנח"י פנימיים ומקיף דחיה, עלתה למקום ההוד, וקיבלה את מקיף דיחידה

תרשים ג - מ"ט

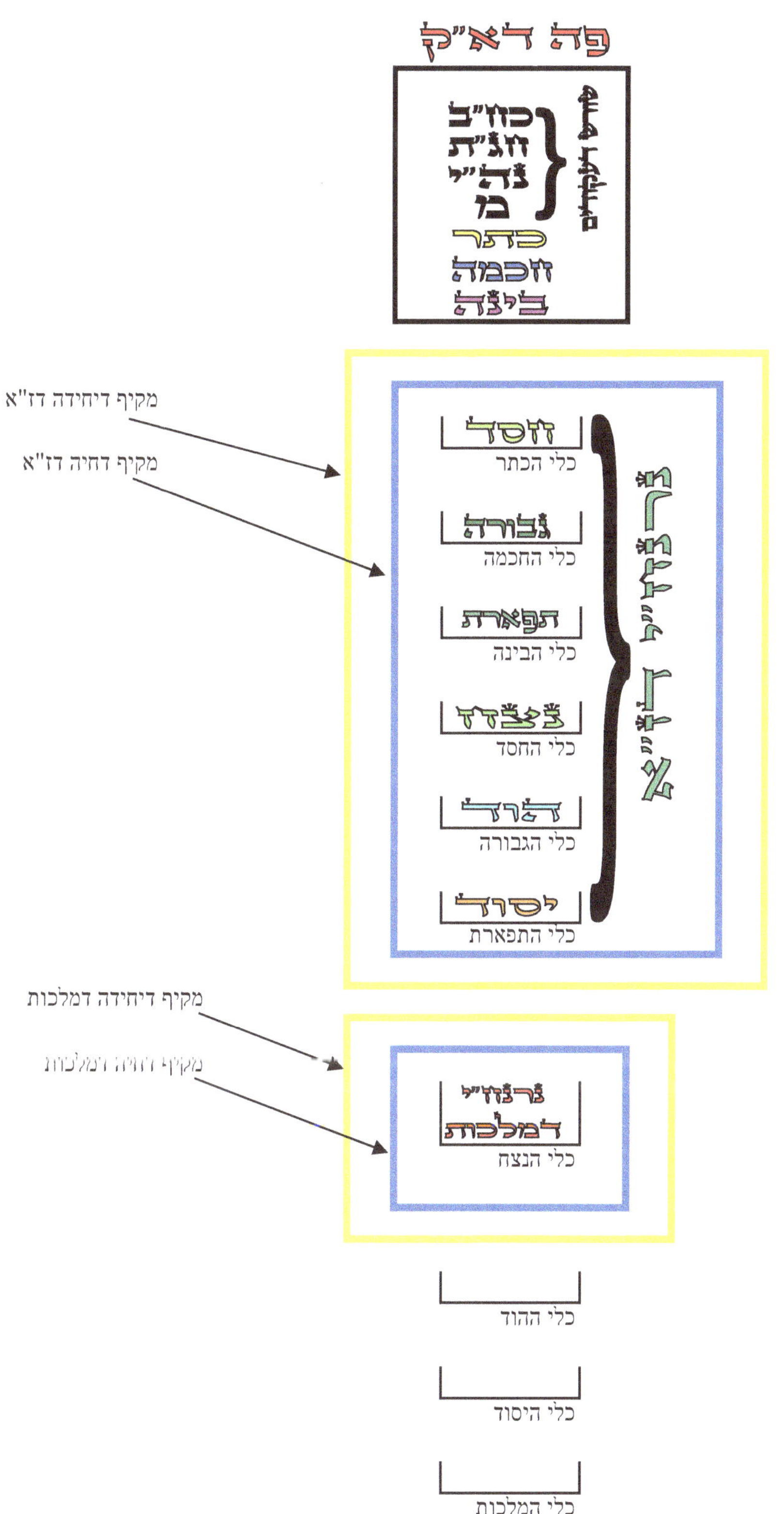

הבינה היתה בחינת נרנח"י, עלתה למאציל להשתלם.

ז"א היה בבחינת נרנח"י עם מקיף דחיה, ועלה (כל קצה למדרגה יותר גבוהה, כאשר היסוד עלה למקום הכתר(, וקיבל את מקיף היחידה.

למלכות היה נרנח"י פנימיים ומקיף דחיה ויחידה, עלתה למקום הנצח, ולא קיבלה שום תוספת.

סידור תפלה להרש"ש

צ

להעלות פנימיות חמ"ן דחב"ד דאלי' שהוא פרצוף עתיק דכורא להלביש פנימיות עלמו שעלה לחילו' מחו"ן דנה"י דעקודים.

אתה חונן לאדם דעת ומלמד לאנוש בינה

סידור תפלה להרש"ש

צא

להעלות פנימיות בג"ס דחב"ד דאלי' והוא נוק' דעתיק להלביש פנימיות עלמו שעלה לחילו' בג"ס דנה"י דעקודים.

השיבנו אבינו חסד דבינה לתורתך וקרבנו מלכנו לעבודתך והחזירנו בתשובה שלימה לפניך

סידור תפלה להרש"ש

להעלות פנימיות דת"י דחב"ד דאלי' והוא א"א ונוק' להלביש פנימיות עלמס שעלה לחילוניות דת"י דנה"י דעקודים. גס להעלות פנימיו' חמ"ן דחג"ת דאלי' והוא אבא ע"י להלביש פנימיות עלמו שעלה לחילו' מחו"ן דחב"ד דאלי'.

סלח לנו אבינו כי חטאנו. מחול לנו מלכנו כי

סידור תפלה להרש"ש

צג

להעלות פנימיות דת"י דחג"ת דכללות האלי' להלביש פנימיות עלמס שעלה כבר והלבים לחילוגיות דת"י דחב"ד דכללות האלי'.

רפאנו יהוה אדני יאהדונהי ונרפא הושיענו ונושעה

להעלות פנימיות הכתר עליון דכללות האלי' שהוא השורש ד' מוחין דחב"ד דכללות החכי' להלביש פנימיות עלמו שעלה כבר והלבים לחילו' ת"ת דעקודים.

למינים ולמלשינים אל תהי תקוה, שלא תהיה אחיזה לקלי' אפי

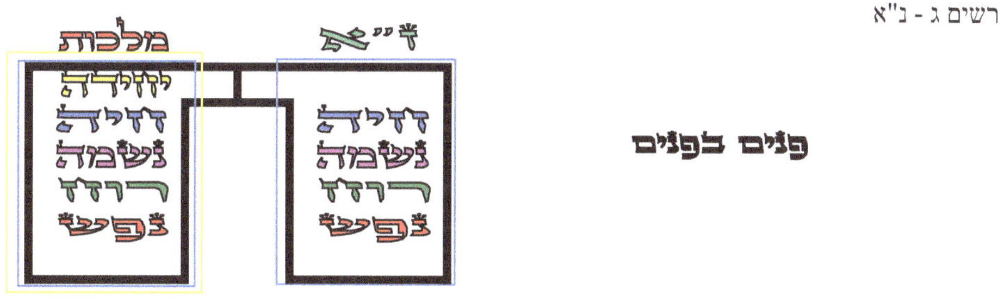

תרשים ג - נ"א

פנים בפנים

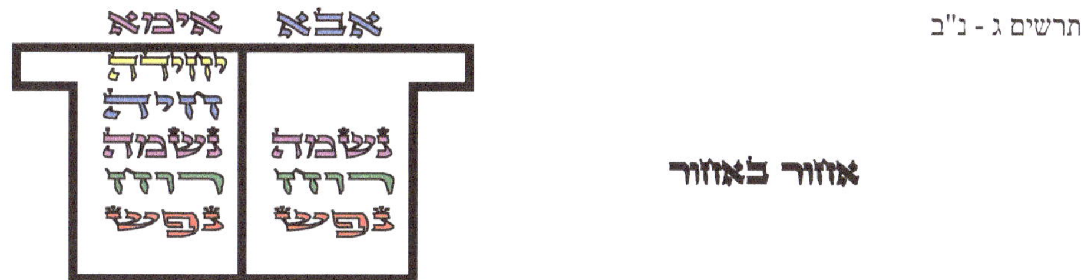

תרשים ג - נ"ב

אחור באחור

תרשים ג - נ"ג

אחור בפנים